# Que é ser ADVOGADO?

# Que é ser ADVOGADO?

**José Roberto de Castro Neves**

APRESENTAÇÃO:
José Alberto Simonetti

INTRODUÇÃO:
Marcus Vinicius Furtado Coêlho

EDITORA
NOVA
FRONTEIRA

Copyright @ 2025 by José Roberto de Castro Neves

Direitos de edição da obra em língua portuguesa no Brasil adquiridos pela Editora Nova Fronteira Participações S.A. Todos os Direitos reservados. Nenhuma parte desta obra pode ser apropriada e estocada em sistema de banco de dados ou processo similar, em qualquer forma ou meio, seja eletrônico, de fotocópia, gravação etc., sem a permissão do detentor do copirraite.

Editora Nova Fronteira Participações S.A.
Av. Rio Branco, 115 — Salas 1201 a 1205 — Centro — 20040-004
Rio de Janeiro — RJ — Brasil
Tel.: (21) 3882-8200

Imagem de Capa: Colagem digital sobre *Susana e os anciãos* (Artemisia Gentilesch); Tomás Antônio Gonzaga; Virtus Combusta; Ruy Barbosa; Carl von Clausewitz; Luís Gama; *Advogados e litigantes* (Honoré Daumier); *Alegoria da Justiça* (Georg Pencz).

Crédito das imagens: Todas as imagens utilizadas nesta obra foram obtidas do repositório da Wikimedia Commons ou são de divulgação.

Dados Internacionais de Catalogação na Publicação (CIP)

| | |
|---|---|
| N518q | Neves, José Roberto de Castro |
| | Que é ser advogado?/ José Roberto de Castro Neves. Rio de Janeiro: Nova Fronteira, 2025. |
| | 176 p.; 15,5 x 23 cm |
| | Apresentação: José Alberto Simonetti |
| | Introdução: Marcus Vinicius Furtado Coêlho |
| | ISBN: 978-65-5640-940-5 |
| | 1 Profissões advogado. I. Título. |
| | CDD: 340 .023 |
| | CDU: 34:061.1 |

André Felipe de Moraes Queiroz — Bibliotecário — CRB-4/2242

**CONHEÇA OUTROS
LIVROS DA EDITORA:**

# Sumário

**Apresentação** ............................................. 9

**Introdução** ................................................ 13

**Como se faz um bom advogado** ........................ 17

**A advocacia na história** ................................ 21

**I. Cultura humanística** ................................. 45
Conhecer a humanidade .................................... 52
Comunicação: manifestação e interpretação ............ 56

**II. Conhecimento técnico** .............................. 73
Estudo da ciência jurídica ................................. 73
Conhecimento da liturgia .................................. 78
Estratégia ..................................................... 80
O caminho da paz ........................................... 91

**III. Ética** .................................................. 101
As manifestações da ética ................................. 118

**Um mundo melhor com os advogados** ................ 145

**Não seja advogado dentro de casa
(ou: tem hora para tudo)** ............................... 159

Nota do autor ................................................ 163
Obras consultadas .......................................... 169

*"We few, we happy few, we band of brothers."*[1]
Aos meus irmãos de luta, colegas de escritório

---

[1] Discurso de São Crispin, na peça *Henrique V*, de William Shakespeare.

# Apresentação

*José Alberto Simonetti[2]*

Em 29 de março de 1921, ocorreu a colação de grau da turma de bacharéis de 1920 da Faculdade de Direito da Universidade de São Paulo (FDUSP). O paraninfo convidado não pôde comparecer, em razão de uma enfermidade e da idade avançada. Escreveu, então, um discurso intitulado "Oração aos Moços". Pouco menos de dois anos depois daquela celebração, Rui Barbosa morreu. Seus tantos talentos o fizeram político, advogado, diplomata, escritor, jornalista e tradutor. Autor de diversos livros, a sua obra mais célebre é o discurso aos jovens formados, que há mais de cem anos orienta os bacharéis em Direito e, principalmente, a Jovem Advocacia.

O clássico discurso de Rui Barbosa e esta obra, *Que é ser advogado?*, de José Roberto de Castro Neves, compartilham uma importante característica. Ambas são escritas para expandir os horizontes da advocacia. Não são impositivas, aspiracionais nem meras receitas com o passo a passo de como ter sucesso na profissão. As obras têm o mérito de olhar para a advocacia e para a educação como aquilo que são: poderosos instrumentos de transformação social.

*Que é ser advogado?* se soma à profícua produção acadêmica de José Roberto de Castro Neves. Graduado pela Universidade do Estado do Rio de Janeiro (UERJ), mestre pela Universidade de Cambridge e doutor pela UERJ, professor, membro da Comissão Nacional de Estudos

---

2 Advogado. Presidente Nacional da Ordem dos Advogados do Brasil (OAB).

Constitucionais da Ordem dos Advogados do Brasil (OAB) Federal e ex-presidente da Editora OAB, o autor advoga há mais de trinta anos. Exímio profissional, tornou-se referência nas áreas de Direito civil e arbitragem, contribuindo para o aperfeiçoamento do sistema multiportas da justiça brasileira.

Castro Neves tem se dedicado, na última década, a construir a memória da advocacia brasileira. Seus livros — *Como os advogados salvaram o mundo*, *O advogado do século XXI*, *Os advogados vão ao cinema*, *Os grandes julgamentos da história*, para mencionar alguns — compõem um acervo ainda pouco explorado. Conhecer a história da nossa advocacia é essencial para o amadurecimento do sistema jurídico brasileiro. Por isso, recebi com alegria seu convite para escrever sobre Bernardo Cabral no livro *Os juristas que formaram o Brasil*, de sua coordenação e recém-publicado.

Sua preocupação com a construção da tradição jurídica e com a passagem dessa riqueza intelectual para as gerações futuras é o que lhe move. A pensadora Rita Segato diz que "vence a história quem a narra". É esse o objetivo de Castro Neves: narrar a história — ainda pouco conhecida — da advocacia brasileira, para darmos o devido reconhecimento aos grandes advogados e advogadas que nos precederam.

A presente obra, portanto, é uma homenagem à advocacia. O livro sintetiza os desafios, os propósitos e as responsabilidades da advocacia, direcionado principalmente para os jovens. Não se trata de um manual ou de um simplório *how-to*. Pelo contrário, o autor trata das origens da advocacia, dos elementos essenciais aos bons advogados e advogadas e das perspectivas para a profissão no futuro.

Intercalando texto e imagens de célebres profissionais, José Roberto de Castro Neves inicia seu texto com um questionamento fundacional: "O que se deve fazer para se tornar um bom advogado?" A resposta não está em uma área específica do Direito, nem na forma de atuação profissional. Para o autor, a boa advocacia é resultado da união de três fatores: a cultura humanística, o conhecimento técnico e a ética profissional. Os capítulos do livro destrincham esses pilares.

A crescente presença de inteligência artificial (IA) é uma preocupação, em especial para a Jovem Advocacia. Recentemente, o Conselho Federal da Ordem dos Advogados do Brasil (CFOAB) aprovou recomendações para o uso da IA na prática jurídica. A Ordem buscou, justamente, estabelecer diretrizes para o uso ético e responsável da IA pela advocacia, de modo que a tecnologia seja uma ferramenta orientada à concretização dos Direitos e garantias fundamentais.

A criação de softwares com habilidades cada vez mais complexas é uma faca de dois gumes. Por um lado, a automatização de tarefas confere mais tempo para atividades estratégicas; por outro lado, a capacidade generativa afeta negativamente os profissionais em início de carreira, os quais perdem oportunidades de aprendizado prático e deixam de desenvolver as tão importantes *soft skills*.

No entanto, é preciso lembrar do ensinamento de Castro Neves: um bom advogado deve ter ampla formação cultural, domínio da ciência jurídica e firmeza em seus princípios éticos. O uso de recursos tecnológicos mais ou menos avançados apenas complementa a boa prática jurídica, mas não é condição necessária para a advocacia de qualidade. Como bem apresenta o autor, o bom advogado é — nada mais, nada menos — um ser humano sensível, persistente e solidário.

O livro que o leitor e a leitora têm em mãos provoca reflexões a respeito dos fins da nossa profissão. De onde vem, para que(m) serve, como se faz e para onde irá a advocacia? É preciso pensar sobre essas perguntas para tornar-se um bom profissional. José Roberto de Castro Neves passa para quem a lê as suas próprias inquietudes.

Com mais essa brilhante criação, o autor consagra-se como um dos grandes advogados da história do país. Como advogado, professor e escritor, Castro Neves contribui para o aperfeiçoamento não apenas da advocacia brasileira, mas de toda a cultura jurídica nacional. Por isso, honra-me imensamente o convite para apresentar esta obra, que já nasce como leitura imprescindível para todos e todas.

Boa leitura!

# Introdução

*Marcus Vinicius Furtado Coêlho[3]*

A advocacia é uma profissão que transcende o simples ato de interpretar e argumentar com base em normas jurídicas. Ela se ergue como um pilar essencial para a preservação da justiça, dos Direitos fundamentais e do Estado Democrático de Direito. Este livro, que tenho a honra de apresentar, é uma verdadeira ode à profissão, um convite à reflexão profunda sobre o papel do advogado na história e na sociedade contemporânea.

Como nos lembra, enfaticamente, o grande advogado Sobral Pinto, "a advocacia não é profissão de covardes". O múnus que nos toca, com frequência, nos exige defender Direitos contra a opinião pública, denunciar ilegalidades face aos donos do poder e questionar privilégios. Pode, por isso, provocar mesmo perseguições ou animosidades contra aqueles que defendem a justiça.

A obra nos brinda, logo no início, com as contundentes palavras de Cícero, proferidas em sua primeira defesa feita na tribuna:

> (...) cumprirei essa nobre missão, a despeito dos terrores e dos perigos amontoados sobre minha cabeça. Meu partido está tomado: estou determinado a dizer tudo o que julgo útil à causa, e o direi com franqueza, ousadia e liberdade. Não, nenhuma consideração terá o poder de abalar a

---

[3] Advogado, doutor em Direito processual pela Universidade de Salamanca — Espanha, ex-presidente da OAB Nacional, presidente da Comissão Constitucional da OAB.

minha resolução, e jamais, em meu coração, o receio fará calar a voz da consciência.[4]

Com maestria, o autor percorre a história da advocacia, destacando exemplos marcantes desde os primórdios da civilização até os tempos modernos. Da eloquência de Cícero à coragem de Mandela, da visão de Montesquieu à resistência de Gandhi, somos lembrados de como os advogados sempre estiveram na linha de frente na defesa dos Direitos humanos e na construção de uma sociedade mais justa.

Dividido em três pilares fundamentais — cultura humanística, conhecimento técnico e ética —, o livro oferece uma visão abrangente do que constitui um bom advogado. Na primeira parte, dedicada à cultura humanística, o autor explora a importância do conhecimento amplo, abarcando literatura, história, filosofia e artes, como ferramentas para compreender a complexidade da condição humana e se comunicar com eloquência e empatia. Esse segmento destaca a necessidade de uma formação que ultrapasse os limites da dogmática jurídica e enriqueça o profissional com visões holísticas do mundo.

Na segunda parte, o autor se aprofunda no conhecimento técnico, enfatizando o estudo rigoroso do Direito e de suas nuances. Ele aborda a importância da formação jurídica sólida, da compreensão da liturgia forense e do desenvolvimento de habilidades estratégicas para lidar com casos complexos. A narrativa destaca como o domínio das leis e a capacidade de adaptá-las às diferentes situações são essenciais para garantir a representação eficaz dos interesses dos clientes e a promoção da justiça.

Por fim, na terceira parte, o livro destaca a importância da ética, ressaltando que a advocacia não se limita à técnica. O autor convida o leitor a refletir sobre a responsabilidade do advogado como guardião da justiça e defensor da dignidade humana. Ele examina dilemas morais enfrentados pelos profissionais do Direito e propõe soluções baseadas em valores universais. Esse capítulo também analisa como a ética

---

4   Sodré, Hélio. *História universal da eloquência*, vol. I. Rio de Janeiro, Forense: 1967, p. 157.

é indispensável na luta contra as desigualdades e no fortalecimento do Estado Democrático de Direito.

Talvez o maior ensinamento desta obra seja exatamente o apelo à ética. Em tempos de transformações rápidas e desafios crescentes, o advogado é chamado não apenas a ser um técnico habilidoso, mas um defensor da dignidade, da justiça e dos valores democráticos. Este é o ponto em que a profissão atinge sua verdadeira nobreza: ser a voz de quem não tem voz, levar o clamor das pessoas por justiça às instituições e tornar concreto o Direito que transforma vidas.

O autor desta obra, José Roberto de Castro Neves, é uma figura proeminente no cenário jurídico brasileiro. Doutor em Direito pela Universidade do Estado do Rio de Janeiro (UERJ) e mestre pela Universidade de Cambridge, Inglaterra, é professor de Direito Civil na Pontifícia Universidade Católica do Rio de Janeiro (PUC-Rio) e na Fundação Getulio Vargas do Rio de Janeiro (FGV-Rio). Membro da Academia Brasileira de Letras Jurídicas, é autor de diversas obras que exploram a interseção entre Direito, história e cultura, como *A invenção do Direito*, *Como os advogados salvaram o mundo* e *Os juristas que formaram o Brasil*. Sua trajetória combina erudição acadêmica e prática jurídica, oferecendo uma perspectiva única e inspiradora sobre a profissão.

Por meio de uma narrativa cativante e repleta de exemplos históricos, o autor não apenas descreve a profissão, mas inspira o leitor a refletir sobre seu papel no mundo. Mais do que um manual, este é um convite à vocação, à responsabilidade e ao compromisso com a sociedade e com os valores humanísticos.

Convido você, caro leitor, a percorrer estas páginas e descobrir, ou redescobrir, o que significa ser advogado. Que este livro seja um guia, uma inspiração e um chamado à altura da missão grandiosa que é defender a vida, a dignidade e a justiça.

# Como se faz um bom advogado

Quando se imagina um advogado, logo vem à mente uma pessoa esbravejando na tribuna, emocionado, gesticulando com energia, rogando a absolvição de seu cliente. Esse se tornou o clichê da profissão: o defensor no tribunal. O outro lugar-comum é pior: pensa-se no sujeito ladino, espertalhão, pronto para colher algum proveito, nem sempre leal, a partir de suas tiradas rápidas ou de um linguajar rocambolesco. Ambrose Bierce, no seu *Dicionário do Diabo*, obra-prima do cinismo, definiu a profissão de forma ácida: "Advogado. Subst. Masc. Alguém perito em achar brechas na lei."[5]

Se as aparências enganam, os estereótipos enganam ainda mais. O serviço prestado por um advogado é exponencialmente mais amplo do que o defensor na tribuna e mais honroso do que o do anedótico causídico ardiloso.

Muitos advogados jamais sequer visitaram o fórum e constroem belas carreiras confeccionando, revendo documentos e burilando teses. Outros, centram sua atividade em oferecer conselhos e orientações. As pessoas procuram o serviço profissional de um advogado pelas mais variadas razões, a começar por se inteirar de como agir em conformidade com as regras jurídicas, mas a atuação pode ir muito além.

---

[5] Bierce, Ambrose. *Dicionário do Diabo*. 2ª ed. São Paulo: Carambaia, 2023, p. 15.

ADVOGADO DE HONORÉ DAUMIER

A *expertise* de cada um desses profissionais do Direito varia profundamente. Uns cuidam apenas de matéria tributária, outros examinam questões relacionadas à família. Há advogados que só tratam de Direito agrário, outros de Direito esportivo. Como o Direito está em toda parte (e de forma crescente), há profissionais desse ramo com capacidade específica para o que se puder imaginar. Para cada segmento, há um advogado especializado. Assim, os advogados, no que se refere à atuação, não constituem uma espécie homogênea. Quando alguém se diz advogado, faz-se necessário, caso queira entender a ocupação daquela pessoa, indagar qual é a precisa área de sua competência.

De toda forma, apesar dos variados segmentos de trabalho desempenhados por um advogado, há algo em comum na profissão — e, a partir daí, consegue-se defini-la como parte do mesmo gênero: quem procura os serviços de um advogado precisa de ajuda, normalmente auxílio em questão que demande o conhecimento jurídico. Diz-se "normalmente" porque o advogado pode tornar-se um conselheiro de seus clientes. Eles buscam colher sua opinião sobre sortidos assuntos, inclusive aqueles que apenas tangenciam o Direito. Além de oferecer uma orientação, não raro o advogado pode ser contratado para, representando-o perante um tribunal, defender a posição de seu cliente numa disputa, advinda de um conflito de interesses. Portanto, pode-se definir o advogado como aquele que ajuda alguém a solucionar algum tema, na maior parte das vezes de natureza jurídica.

Ao contrário de sugerir alguma violação legal, o advogado é formado para garantir que seus clientes sigam as regras jurídicas, conformando suas condutas e suas pretensões com o ordenamento legal. Na quase totalidade dos casos, são os advogados que protegerão seus assistidos, que, eventualmente, contrariam a lei até mesmo por desconhecimento, de cometer uma ilegalidade.

A atuação do advogado carrega na sua essência o amparo, a proteção, o cuidado, o zelo. Para que possa desempenhar essa missão, é necessário que o advogado esteja preparado. Isso porque, afinal, a função de ajudar alguém pode ser bem ou mal desempenhada. Espera-se que o advogado, aquele profissional responsável, consciente de seus deveres, seja um bom profissional, apto a prover esse auxílio de forma eficiente: oferecendo a melhor e mais segura orientação a quem o consultou.

O advogado que presta um bom serviço não será necessariamente aquele que ganha a causa ou que consegue celebrar o negócio desejado por seu constituinte. Numa disputa judicial, o bom advogado apresenta da melhor forma a pretensão de seu cliente. Isso, na maior parte das vezes, acarreta o resultado positivo do pleito, porém — inclusive porque o outro lado também pode ter bons patronos ou porque o julgador pode equivocar-se —, nem sempre o bom advogado sai vencedor num litígio. O importante é que, por meio da atuação, o advogado garanta a quem o procurou a mais apropriada representação de seus interesses.

Para se tornar um advogado competente, além de uma pitada de talento, o profissional deve guardar valores éticos e dedicar-se profundamente ao estudo — pois nada meritório vem sem muito esforço. A atividade do advogado, para ser adequadamente desempenhada, demanda devotado afinco e dedicação, valendo citar os versos — versos com mais de dois mil e quinhentos anos de idade — do grego Hesíodo:

> O vício mais copioso é de fácil obtenção,
> Suave é a sua estrada, prontamente disponível e de fácil ingresso;
> Mas entre nós e a virtude os deuses colocaram o suor.[6]

O que se deve fazer para se tornar um bom advogado? Há uma resposta para isso. O bom advogado se forma por meio da união de três fatores: cultura humanística, conhecimento técnico e ética.

Adiante, vamos tratar deles, a matéria com a qual se fazem os melhores profissionais do Direito.

Antes, contudo, ainda que brevemente, vale falar de como a advocacia surgiu e se desenvolveu na história. Afinal, para entender em que lugar estamos e qual o nosso destino, melhor começar de onde viemos.

---

[6] Hesíodo. *Os trabalhos e os dias*. 2ª ed. São Paulo: Martin Claret, 2014, p. 81. Esses versos são referidos, como modelares, em *A república*, de Platão.

# A advocacia na história

Entre as muitas qualidades da natureza humana, encontramos a empatia, o cuidado com o próximo, o desejo de ajudar os outros. Desde os primórdios da civilização, as pessoas se auxiliam, se protegem umas às outras.

MOISÉS

Segundo a tradição, Moisés é o autor dos primeiros cinco livros da Torá — e do Antigo Testamento da Bíblia cristã: *Gênesis, Êxodo, Levítico,*

*Números* e *Deuteronômio*. Nesses livros, encontram-se as bases e os fundamentos das leis judaicas, esteio também do cristianismo. Moisés, portanto, foi um legislador. Foi ele quem, reza a tradição, apresentou os Dez Mandamentos ao seu povo, com regras fundamentais de conduta. Acredita-se que essa atribuição de origem é mítica, na medida em que Moisés, personagem histórico, viveu por volta de mil e duzentos anos antes da era cristã e a compilação dos mencionados livros se deu posteriormente, possivelmente entre 600 e 300 a.C. Contudo, há um razoável consenso de que um ser humano, conhecido como Moisés, destacou-se como líder, contribuiu de forma fundamental para estabelecer conceitos que identificam a cultura judaica, passados pelas gerações, até seu registro escrito definitivo, séculos adiante.

O livro do Êxodo narra como Moisés liderou seu povo, oprimido pela tirania do faraó egípcio. Os judeus, escravizados — ou numa servidão próxima da escravidão — recebiam tratamento vil no Egito. Moisés buscou interceder, com as autoridades locais, a fim de encerrar a exploração desumana. Depois de uma série de reviravoltas — e as escrituras dão conta de acontecimentos sobrenaturais, nos quais houve direta intervenção divina, que tomou partido dos israelitas —, Moisés conseguiu obter o consentimento do faraó para que seu povo deixasse o Egito. Assim foi feito — embora, segundo o livro, o faraó, depois de autorizar a saída dos judeus, tenha mudado de ideia e mandado perseguir os retirantes. Era, contudo, tarde demais. Os israelitas, cruzando o mar Vermelho, caminharam "sem molhar os pés" rumo à terra prometida.

Moisés foi um advogado de seu povo. Sensível à injustiça sofrida pelos seus irmãos, representou-os perante as autoridades egípcias. Moisés levou o pleito do seu povo, que buscava garantir liberdade e melhores condições de vida.

Há outro exemplo de competente advogado no Antigo Testamento, colhido no *Livro de Daniel,* que relata a história de Susana e os anciãos. Conta-se de Daniel, um sábio judeu que viveu na época do exílio de seu povo na Babilônia. Na prática, como veremos, ele advogou.

SUSANA DO VELHO TESTAMENTO

    O Antigo Testamento narra o episódio da bela Susana, casada com Joaquim. Na casa deles, havia um jardim, onde a comunidade judaica, na época exilada, se reunia. Entre os que costumavam visitar a casa de Joaquim, havia dois anciãos, recentemente nomeados juízes pelo povo. Esses dois anciãos se encantaram com a beleza de Susana. Um dia, sorrateiramente, os dois velhotes, depois de encerrado o encontro, voltaram ao jardim e se esconderam numa moita, para ver Susana tomar banho. Aproveitando-se de Susana estar só, os dois anciãos a abordaram, tentando agarrá-la. Sem pudor, pediram para que Susana se entregasse a eles. Como a honrada Susana prontamente repudiou a investida, os velhos ameaçaram: "Se recusares, iremos denunciar-te: diremos que havia um jovem contigo, e que foi por isso que fizeste sair tuas servas."

Susana, mesmo diante da ameaça, não cedeu à chantagem. Com os gritos, os empregados da casa aparecem. Os velhos mantiveram sua falsa versão e a bela Susana foi levada a julgamento.

Diante da assembleia, os juízes anciãos declararam: "Quando passeávamos pelo jardim, ela entrou com duas servas; depois fechou a porta e mandou embora suas acompanhantes. Então, um jovem que se achava escondido ali, aproximou-se e pecou com ela. Nós nos encontrávamos em um recanto do jardim. Diante de tal falta de vergonha, corremos para eles e os surpreendemos em flagrante delito. Não pudemos agarrar o homem, porque era mais forte do que nós e fugiu pela porta aberta. Ela, nós apanhamos; mas quando a interrogamos para saber quem era o jovem, recusou-se a responder. Somos testemunhas do fato."

Como se tratava de anciãos e juízes do povo, que gozavam de credibilidade, a assembleia condenou Susana à morte. A inocente esposa de Joaquim, narra a Bíblia, orou. Deus escutou sua prece e fez ascender o espírito íntegro do então adolescente Daniel. Este reclamou com a assembleia da fragilidade daquele julgamento que condenara uma israelita à morte sem maiores cuidados.

Daniel, então, solicitou que se separassem os anciãos, para os interrogar isoladamente. Ao primeiro, perguntou sob qual árvore estavam Susana e seu amante quando ele os encontrou. O velho respondeu: "Debaixo de um lentisco." Depois, chamou o outro ancião e repetiu a pergunta. A resposta daquela vez foi: "Sob um carvalho." Restou claro que os anciãos mentiam. A multidão, que acompanhara o julgamento, identificou o falso testemunho. Susana foi absolvida e os anciãos condenados à morte.

A intervenção de Daniel evitou que se consumasse a injustiça. Ele advogou para Susana, colocando sua inteligência e perspicácia para auxiliá-la num tema legal.

Assim, na tradição ocidental, a atividade do advogado já se encontra registrada há muito.

Como se sabe, a sociedade apenas surge no momento em que se mostra forte o suficiente para impor regras de conduta aos seus integrantes. Uma ordem, ainda que mínima, faz-se necessária para organizar um grupo de indivíduos. Sem regras, reinam o caos e a desordem. Evidentemente, há, numa comunidade, regras morais ou de etiqueta, como, por exemplo, a orientação de que as pessoas devam cumprimentar-se quando se encontram. Deixar de cumprir regras dessa natureza não acarreta uma sanção definida; podem passar despercebidas ou trazer a quem a violou a fama de mal-educado. Num estágio mais desenvolvido, a sociedade organizada estabelece regras cuja observância é mandatória aos seus membros. Chamamos de Direito esse conjunto de normas, que tem por propósito promover a organização social. Essas diretrizes jurídicas têm cumprimento obrigatório por todos.

Numa sociedade primitiva, as regras se confundiam com a vontade do soberano — e é assim também o que ocorre num Estado autoritário e opressor. Na medida em que a civilização se desenvolve, compreende-se que a melhor sociedade é aquela na qual as regras refletem os valores por ela considerados como bons e positivos. Assim, busca-se, numa democracia, construir um ordenamento jurídico que espelhe esses valores respeitados pela sociedade.

A partir do momento histórico em que essas regras jurídicas foram sendo definidas, elas passaram a ser estudadas, até mesmo para garantir a adoção de conduta consentânea com tais ordens.

Já na antiguidade romana, estabeleceram-se conhecidos centros de estudo das regras jurídicas, como Berito, hoje Beirute, para onde se deslocavam interessados de todo o império, com a finalidade de conhecer e se aprofundar na disciplina do Direito. Os mestres Gaio, Ulpiano e Papiniano, por exemplo, foram professores em Berito.

Na Roma republicana, havia dois tipos de advogado: o *advocatus*, que respondia a consultas acerca de questões jurídicas e o *patronus* ou *causidicus*, que defendia seu cliente perante os tribunais. Alguns advogados se tornaram célebres, como Cícero, Paulo, além dos citados Papiniano e Gaio.

Marco Túlio Cícero iniciou seus estudos em Direito em 90 a.C., quando tinha 16 anos. Foi trabalhar com um jurista consagrado, Quinto Múcio Cévola, que o introduziu ao mundo jurídico.

Eis um belo episódio histórico da importância dos advogados: o julgamento de Róscio Amerino, que teve Cícero como protagonista. A história começa em 81 a.C., com o assassinato de Sexto Róscio, um abastado dono de terras na Améria, área na região da Úmbria. Sua morte foi a mando de Cornélio Crisógono, político corrupto, apadrinhado do ditador Sula, então no poder em Roma. Com o falecimento de Sexto Róscio, Cornélio, mancomunado com alguns parentes do morto, adquiriu suas terras a preços baixíssimos e confiscou seus bens. O filho de Sexto, Róscio Amerino, o legítimo herdeiro, buscou reivindicar seus Direitos. Cornélio, então, armou uma arapuca. Denunciou Róscio como assassino do pai. O propósito dessa acusação falsa era consolidar seu desmando. Róscio foi a julgamento, mas, diante do poder político de Cornélio, nenhum advogado quis assumir a defesa. Foi então que o jovem Cícero, na época com apenas 27 anos, aceita representar Róscio, apesar dos riscos de se expor numa causa que desagradava os poderosos. Um ato de coragem, mormente porque foi a primeira vez que Cícero subiu a uma tribuna.

No seu discurso, em defesa de Róscio Amerino, Cícero demonstrou invulgar bravura. Ele inicia reconhecendo que tem menos experiência e fama de que seus adversários. Contudo, falava a verdade. Sua manifestação é contundente:

> Entenderam que a Róscio Amerino faltariam eloquentes defensores; faltam-lhe, com efeito; mas, se para esta causa é suficiente um homem que fale com liberdade, que o defenda com dedicação, não lhe faltará; porque foi esta a tarefa que me impus. Talvez ao encarregar-me de uma causa tão difícil, tenha sido arrastado pelo ardor imprevidente da mocidade; mas, já que dela tomei o compromisso, sim, cumprirei essa nobre missão, a despeito dos terrores e dos perigos amontoados sobre minha cabeça. Meu partido está tomado: estou determinado a dizer tudo o que julgo útil

à causa, e o direi com franqueza, ousadia e liberdade. Não, nenhuma consideração terá o poder de abalar a minha resolução, e jamais, em meu coração, o receio fará calar a voz da consciência.[7]

A partir daí, o advogado romano, destilando eloquência, denuncia Cornélio como o verdadeiro assassino de Sexto, que tudo fez para se apoderar dos bens do falecido. Cícero deixa clara a falta de fundamento da grave acusação de parricídio — crime de assassinato do pai. O caso era político e inconfessáveis interesses explicavam a calúnia.

As palavras de Cícero calaram fundo. Ele ganhou a simpatia dos julgadores e do povo romano, desnudando a manobra degradante que se armara para espoliar Róscio Amerino. A causa foi ganha. O jovem advogado absolveu seu cliente e evitou, sem medo de dizer a verdade, que se consumasse a injustiça.

CÍCERO

Na época de Cícero, contudo, a advocacia ainda não era uma profissão reconhecida ou organizada. Isso só foi ocorrer adiante em Roma,

---

[7] Sodré, Hélio. *História universal da eloquência*, vol. I. Rio de Janeiro: Forense, 1967, p. 157.

no século IV, quando se organizou a *Ordo* ou *Collegium Togatorum*, uma associação na qual se registravam as pessoas qualificadas a atuar nos tribunais. Naquele tempo, contudo, condenava-se a remuneração dos advogados pelos serviços que prestavam, de sorte que a atividade se restringia à aristocracia, com condições econômicas de estudar e não cobrar pela atuação.[8]

Uma organização semelhante de profissionais de Direito apenas se viu séculos mais tarde, no final do século XI, com o retorno do estudo constante do Direito, notadamente com a fundação da Universidade de Bologna, a primeira do Ocidente.

A escola de Bolonha surge, na segunda metade do século XI, firmando-se no século seguinte, com a finalidade de reunir pessoas dedicadas a estudar os chamados "livros romanos", isto é, o *Corpus Iuris Civilis*, a grande compilação do Direito romano elaborada por determinação do imperador Justiniano, publicada em 534.

Os "livros romanos" foram, durante grande parte da Idade Média, desconsiderados. Numa Europa fracionada em inúmeros pequenos Estados, cada um deles tinha regras próprias, na maior parte dos casos de natureza consuetudinária. Pouco depois do ano 1000, no momento em que se "descobrem" essas regras romanas, esquecidas por séculos, percebe-se a sua sofisticação e inteligência. Era necessário conhecê-las.

Os romanos, no seu auge, construíram um sólido sistema jurídico, com regras elaboradas com o intuito de reger uma área continental sob gestão do império, da Palestina à Britânia, na qual viviam inúmeros povos, cada qual com seus costumes e deuses próprios. Os romanos criaram regras universais, cuja aplicação foi forjada pela experiência de anos a fio. O homem medieval ficou maravilhado ao ter acesso a essas normas e passou a estudá-las. O primeiro lugar onde floresceram esses estudos foi na cidade de Bolonha. Num momento inicial, não havia exatamente professores e alunos. Todos discutiam os temas. Com o tempo, contudo, formou-se um corpo discente, estabelecendo-se formas pró-

---

[8] Bretone, Mario. *Histoire du droit romain*: Paris, Delga. 2016, p. 141 e seguintes.

prias de lecionar, adotadas posteriormente como modelos para outras escolas surgidas a partir de então.[9]

O espírito de investigação científica de temas jurídicos floresce no século XII.[10] Surgem outros centros universitários: Paris em 1170, Oxford em 1196, Cambridge em 1215, Pádua em 1222, Nápoles em 1224, e assim por diante.

Percebeu-se, como um passo adiante no desenvolvimento orgânico e saudável da sociedade, o proveito para o Estado e seus integrantes de haver regras jurídicas justas e de conhecimento de todos. Uma sociedade prosperava com um sólido ordenamento jurídico e a segurança daí decorrente.

Embora já houvesse, na França, desde o século XIII, "procuradores do rei", isto é, profissionais com conhecimento jurídico encarregados de defender o Estado em temas legais, apenas no século XIV deu-se a criação da ordem dos advogados na França, a Confraria dos Advogados, designada "Barreau".[11] Seu líder carregava um bastão, daí decorrendo sua denominação "bâttonier". Já existiam pessoas que se ocupavam de prestar auxílio em temas legais, especialmente aqueles que atuavam como notários, dedicados a fazer registros e firmar contratos — o que era fundamental numa sociedade na qual a maioria das pessoas sequer sabia ler. Porém não havia, até então, a organização desses profissionais numa guilda, o que era comum em outras atividades.

Por volta da mesma época, surgem, em Londres, as irmandades de advogados, os "Inns of Court". Eram agremiações que, na prática, funcionavam também como escolas de advocacia. Os aspirantes a advogados residiam nas hospedarias dos Inns. Naquele tempo, na Inglaterra, não existia sistematização do estudo jurídico — e, logo, não havia diploma. Aprendia-se o ofício da advocacia por meio de um procedimento

---

9    Schioppa, Antonio Padoa. *História do Direito na Europa*. São Paulo: Martins Fontes, 2014, p. 93 e seguintes.

10   Ahrens, Enrique. *Historia del derecho*. Buenos Aires: Editorial Impulso, 1945, p. 171.

11   Olivier-Martin, Fr. *Précis d'histoire du droit français*. 4ª ed. Paris: Dalloz, 1945, p. 237.

empírico. Em algum momento, os membros da guilda entendiam que o jovem postulante já poderia começar a advogar e, sem maiores formalidades, iniciava-se na carreira.[12]

Assim, um jovem que desejasse se tornar advogado deveria ingressar em uma dessas guildas nas quais conheceria o ofício, observando a prática dos advogados mais experientes.

A atuação dos advogados ingleses foi decisiva, por exemplo, no julgamento do rei Carlos I, que resultou na execução do monarca, decapitado em 1649. O soberano inglês tinha viés absolutista, o que não se tolerava no parlamento daquele país. Os parlamentaristas foram liderados por Oliver Cromwell, seguramente um dos mais controvertidos personagens da história da Inglaterra. Puritano de carreira militar, Cromwell estudara em Cambridge e passara pela Lincoln's Inn — uma das guildas de advogados —, onde adquiriu conhecimento jurídico. Tanto o avô como o pai e dois tios de Cromwell foram treinados para exercer a advocacia, assim como seu filho, Richard. Tratava-se, portanto, de uma família de advogados.

Em momentos decisivos da história, advogados não apenas tomaram a liderança contra arbitrariedades, mas também ajudaram a coletividade a refletir. Charles-Louis de Secondat, barão de Montesquieu, formado pela Faculdade de Direito de Bordeaux em 1708, exerceu o cargo de magistrado e vice-presidente na Corte de Apelação do parlamento de Bordeaux.

O trabalho mais importante de Montesquieu foi *O espírito das leis*, de 1748. Nele, enaltecendo o Direito constitucional inglês, o francês elabora uma teoria política. Racionalista — louva Platão pela forma objetiva como apreciara as normas jurídicas —, Montesquieu prega que as leis devem ser adequadas a cumprir os melhores interesses do povo. Logo no início de seu trabalho, ele proclama que a "virtude na república é o amor da pátria, ou seja, o amor da igualdade". Em contraposição, dizia

---

12   Hobbes, Thomas. *Diálogo entre um filósofo e um jurista*. 2ª ed. São Paulo: Landy, 2004, p. 16 e seguintes.

que a "honra" era a mola mestra da monarquia; a tirania, por sua vez, respaldava-se no medo.

MONTESQUIEU

De forma objetiva, Montesquieu, com seus conhecimentos jurídicos, definiu a democracia como a situação política na qual o povo detém o poder soberano:

> Os homens são todos iguais no governo republicano; são iguais no governo despótico: no primeiro, porque são tudo; no segundo, porque não são nada.[13]

Montesquieu esclarece que liberdade não significa fazer o que se quer, mas antes "o Direito de fazer tudo aquilo que as leis permitem". Segundo o jurista, se alguém pudesse fazer o que fosse proibido por lei, não haveria mais liberdade. Tampouco ela existiria se fôssemos obrigados a fazer algo não previsto em lei.

---

13  Montesquieu. *Do espírito das leis*. São Paulo: Martin Claret, 2010, p. 91.

Montesquieu concitava o legislador a editar leis simples, compreensíveis, de fácil acesso. Diretas e objetivas. A norma, para que fosse aplicada, deveria ser acessível.

Em *O espírito das leis*, apresenta-se a divisão do Estado em três poderes: Judiciário, Legislativo e Executivo. O advogado e pensador adverte que o julgador não pode criar a lei. O cidadão ficaria exposto ao arbítrio se uma só pessoa tivesse, ao mesmo tempo, o poder de julgar e o de fixar a legislação. Aliás, em relação às normas, Montesquieu defende que "leis inúteis enfraquecem as leis necessárias", ou seja, cabe ao regulador atuar com parcimônia e inteligência. Um poder, bem calibrado, delimitaria os outros. Como pontificou Montesquieu, a liberdade aumenta quando o poder é restrito.

A obra de Montesquieu foi traduzida imediatamente para o inglês. Em 1773, já contava com dez edições naquele idioma. A obra desse advogado permeia as bases de organização do Estado moderno.

Adiante na história, na luta pela independência norte-americana, os advogados tomaram a liderança. Coube ao advogado Thomas Jefferson escrever a primeira minuta do documento que viria ser a Declaração de Independência norte-americana.

THOMAS JEFFERSON

Thomas Jefferson estudou Direito e foi admitido como advogado em 1767. Jefferson foi leitor de John Locke e escreveu um trabalho comentando a obra de Montesquieu. De 1767 a 1774, viveu uma atribulada vida de causídico, representando seus clientes nos tribunais. Em 1769, ingressou na Câmara de Virgínia, iniciando carreira política que o levaria, no futuro, a dois mandatos como presidente dos Estados Unidos, entre 1801 e 1809.

Jefferson valeu-se de sua experiência como advogado para redigir a Declaração de Independência dos Estados Unidos. Sua participação foi fundamental também na elaboração da primeira das declarações de independência, feita pela então mais poderosa província, Virgínia. Essa declaração, publicada em 12 de junho de 1776, continha dezesseis artigos e começava com a seguinte afirmação: "Todos os homens são, por natureza, igualmente livres e independentes." Prosseguia garantindo que todos tinham Direito a buscar liberdade, felicidade e segurança. Jefferson iria adotar essas ideias no texto que elaborava para a declaração de Independência do país que nascia.

Na concepção dos direitos humanos, pressupõe-se que estes são dotados de três qualidades essenciais e indissociáveis: são naturais — ou seja, inerentes aos seres humanos —, iguais — pois são os mesmos para todos — e universais — na medida em que se aplicam indistintamente. Na Declaração de Independência norte-americana, o advogado Jefferson aponta exatamente essas três qualidades — direitos naturais, iguais e universais —, que se reconhecem como autoevidentes e, por esse motivo, sequer demandam uma fundamentação.

A referência à "autoevidência" desses Direitos, como verdades absolutas, guarda enorme importância. Por meio desse conceito, garante-se a legitimidade dessas prerrogativas, derivadas delas próprias. São considerados direitos naturais, reportando-se a uma antiga tradição jurídica de proteção de garantias básicas dos seres humanos.

A Declaração reconhece que todos os homens foram criados iguais e, portanto, são titulares dos mesmos direitos básicos e inalienáveis: direitos naturais.

Além disso, a Declaração compreende que esses direitos humanos apenas têm sentido quando recebem um conteúdo político. Deve haver um sentido prático para essas prerrogativas. Daí o documento registrar como finalidade desses Direitos a de garantir aos homens "a vida, a liberdade e a busca da felicidade". Para atingir esses fins, os seres humanos elegem seus governantes, que devem ser justos e probos. Do contrário, sem segurança e sem condições de buscar a felicidade, o homem tem o Direito de mudar esse governo, conclui.

Os americanos fundamentaram, com argumentos jurídicos — notadamente os direitos humanos básicos —, sua ação de declarar independência dos britânicos.

A Declaração de Independência, mais do que declarar a separação da Inglaterra, apresentava os fundamentos de uma nova ordem de governo.

Acampado em Nova York: George Washington leu a Declaração para a sua tropa, em 9 de julho de 1776. Seus soldados e uma inflamada multidão derrubam uma estátua equestre de chumbo do rei inglês George, situada em um parque em Manhattan. A escultura foi derretida para fabricação de milhares de cartuchos para mosquetes, usados para enfrentar os ingleses.

O movimento americano, como singularidade, representou a ênfase no indivíduo: a igualdade, os Direitos do cidadão e as limitações ao governo. Seus artífices eram essencialmente advogados — Adams, Jefferson, Hamilton, Madison, Marshall e Jay. Não apenas o trabalho deles foi extraordinário, mas o legado deixado passa também pela integridade, pela devoção e pela transparência com que serviram à sociedade.

Também na Revolução Francesa, ocorrida poucos anos depois de os norte-americanos conseguirem sua liberdade, os advogados tiveram papel decisivo. Esse episódio histórico, como se sabe, não foi um movimento dominado pelo radicalismo que, muitas vezes, conduziu os eventos.

A Revolução Francesa foi violenta. Promoveu uma profunda mudança na estrutura da sociedade. Ao tomar o poder, o grupo revolucionário executou o rei e muitos nobres. Religiosos foram assassinados e confiscaram-se bens da Igreja. Alterou-se o conceito de representação política para sempre. Como escreveu Tocqueville em 1850:

> Os franceses fizeram em 1789 o maior esforço que um povo já empreendeu, a fim de, por assim dizer, cortarem em dois seu destino e separarem por um abismo o que havia sido até então e o que queriam ser dali em diante.[14]

Ao início da Revolução, dois grupos, responsáveis pela destituição da monarquia, se antagonizam. De um lado, os Girondinos, assim chamados porque alguns de seus líderes eram provenientes da Gironda, região no sudoeste da França, cuja principal cidade é Bordéus. Era o grupo minoritário, contando com aproximadamente 160 deputados. A outra facção era a denominada Montanha, que se sentava à esquerda na sala de convenções. Seus integrantes, pouco adiante, foram alcunhados de jacobinos. Essa designação se devia ao fato de o grupo se reunir num mosteiro dominicano, na rua Saint-Jacques, em Paris. Do nome Jacques vem o termo "jacobino".[15]

O principal líder dos girondinos foi Jacques-Pierre Brissot de Warville, que começou a vida profissional trabalhando em escritório de advogados em Chartres, sua cidade natal. Brissot havia presenciado uma tentativa de revolução ocorrida em 1782, em Genebra, quando os cidadãos de menor poder aquisitivo daquela cidade buscaram tomar o poder contra a oligarquia. Apesar de um início auspicioso da revolta, os revoltosos não conseguiram se manter no governo. Em um ano, o comando de Genebra retornou às mãos da afluente burguesia.

---

14 Tocqueville, Alexis de. *O Antigo Regime e a Revolução*. São Paulo: Martins Fontes, 2016, p. XLI. Alexis Charles-Henri-Maurice Clérel, visconde de Tocqueville, era bisneto de Lamoignon de Malesherbes, o combativo advogado do time de defesa de Luís XVI no julgamento que acabou determinando a execução do monarca.
15 Hussey, Andrew. *Paris. The Secret History*. London: Penguin, 2007, p. 196.

Na França de 1792, após o início da Revolução, os girondinos entendiam que já se havia conquistado muito ao acabar com os privilégios e pretendiam, então, evitar excessos, tudo a fim de garantir uma estabilidade social.

Para os jacobinos, em oposição, a Revolução, para que se completasse, deveria atender às aspirações populares, notadamente em atenção às demandas dos denominados *sans-culottes*. Estes provinham da parte menos favorecida da população francesa, que se trajava de modo simples. Em vez de culotes (*culottes*), uma sobrecalça que se alonga apenas até pouco depois dos joelhos, usada pelos mais abastados, as *sans-culottes* vestiam calças longas até os pés.

Os líderes jacobinos tinham por profissão, também como seus rivais no congresso, a advocacia. Os jacobinos Robespierre, Saint-Just, Danton, Desmoulins eram todos advogados. Como registra a historiadora Lynn Hunt, a classe mais representativa nos grandes conselhos municipais, no momento inicial da Revolução, era composta por advogados.[16] Esse percentual, entretanto, foi decaindo entre 1790 a 1800, quando os comerciantes passaram a dominar as assembleias.

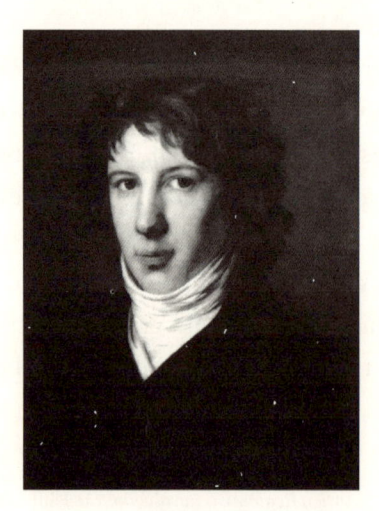

SAINT-JUST

---

16    Hunt, Lynn. *Política, cultura e classe na Revolução Francesa*. São Paulo: Companhia das Letras, 2007, p. 189.

Os jacobinos, seguindo a orientação dos "sem-culotes", posicionaram-se de forma radical. Alguns de seus líderes, como o advogado Louis-Antoine-Léon de Saint-Just, por exemplo, defendeu ardentemente a condenação à morte do rei Luís XVI.

> *"On ne peut pas régner innocemment"*
> Ninguém pode reinar inocentemente, bradava.

A pena capital do soberano foi decidida por uma maioria apertada.[17] As acusações foram vagas e imotivadas. Um julgamento contaminado pela paixão daquele momento histórico.

A violência não ajuda. A paixão desmedida, nessas horas, também contribui pouco. O resultado foi o de que a Revolução devorou seus próprios filhos. Seus principais protagonistas, como os advogados Jacques-René Hébert, Danton, Camille Desmoulins, Robespierre, Simon-Nicholas Henri Linguet — apenas para citar alguns — acabaram na guilhotina, morrendo da mesma forma que, pouco antes, haviam condenado outros tantos.

Essa experiência comprovou o risco da radicalização. A Revolução Francesa, assim, também ensina pelos seus erros. Quando Robespierre, no final de 1793, suspende a Constituição e os Direitos individuais, instaurando a época conhecida como "O Terror" — em francês, "La Terreur" —, quando muitos milhares de pessoas foram executadas sem julgamento, entre essas até mesmo os líderes do próprio "Terror", o Poder Judiciário foi emasculado. A Assembleia Nacional, naquele momento, exerceu, isoladamente, todos os poderes, de forma arbitrária. Atuou como boca e intérprete da lei. Deixou de haver o equilíbrio entre os poderes, ferindo o preciso e salutar ensinamento de Montesquieu.

Advogados também tiveram papel decisivo na história brasileira. A onda revolucionária chegou a Minas Gerais, no Brasil, em 1788, num mo-

---

17   Gatti, Adolfo. "Em defesa do cidadão Luís Capeto". In: *A Revolução Francesa*. São Paulo: Editora Três, 1989, p. 94.

vimento conhecido como Inconfidência Mineira, desbaratado em 1789, com a condenação de todos os seus integrantes. Embora houvesse entre os conspiradores padres, poetas, militares de baixa patente e pequenos proprietários de terras, a liderança foi desempenhada por advogados.

A revolta se dava, em grande parte, por um motivo mundano, embora justo: como boa parte do ouro auferido nas minas era desviado, para evitar o pagamento da cota de "imposto" devido à Coroa, de 20% — o famoso "quinto" —, Portugal estabeleceu uma cota mínima de pagamento, equivalente a 100 arrobas, isto é, 1.500 quilos de ouro por ano. Se essa cota não fosse atingida, os portugueses determinariam, a partir de 1763, a "derrama", ou seja, a expropriação de bens particulares até se atingir a cota. Essa medida áspera causou a ira dos habitantes de Minas. Quando esse contexto encontrou os valores revolucionários que vinham da América do Norte e da França, deu-se o casamento perfeito, pois se incorporou uma ideologia à insatisfação.

TOMÁS ANTÔNIO GONZAGA

Tomás Antônio Gonzaga, nascido no Porto, veio ainda criança para o Brasil. Depois, retornou a Portugal para se formar em Direito pela Universidade de Coimbra. Claudio Manuel da Costa também concluiu o curso de Direito em Coimbra. José de Alvarenga Peixoto foi outro que se graduou em Direito na mesma faculdade portuguesa. Na época, ainda não havia cursos universitários no Brasil. Os três tomaram destacada posição na Inconfidência Mineira, podendo-se dizer que foram seus principais idealizadores. Na concepção inicial da revolta, o poder, uma vez obtido, seria entregue a Tomás Antônio Gonzaga por três anos. Em seguida, seriam convocadas eleições livres. Os três eram, além de advogados, poetas — responsáveis pelo primeiro movimento literário genuinamente brasileiro.

Condenados ao degredo, foi no cárcere que Tomás Antônio Gonzaga escreveu *Marília de Dirceu*, seu mais famoso poema. Claudio Manuel da Costa foi encontrado morto na prisão. Alvarenga Peixoto sugeriu incluir na bandeira da Conjuração uma passagem de Virgílio: *Libertas quae sera tamen*, isto é, liberdade, ainda que tardia.[18] O lema, como se sabe, encontra-se hoje registrado na bandeira do estado de Minas Gerais.

O único condenado à pena de morte no movimento mineiro foi um alferes, sem formação acadêmica. Embora a sentença que julgou os inconfidentes fosse de 19 de abril de 1792, desde outubro de 1790, havia uma carta régia de d. Maria I de Portugal, determinando que a condenação à morte recaísse apenas sobre o principal culpado. O alferes Joaquim José da Silva Xavier, conhecido como Tiradentes, o único a reconhecer integralmente sua culpa na conspiração, foi enforcado em praça pública.

Advogados, como se vê, sempre tiveram participação destacada nos movimentos mais relevantes da civilização ocidental, notadamente aqueles que formaram o modelo contemporâneo de Estado. A atuação dos advogados foi fundamental na luta contra a tirania e a opressão.

---

18  Zanatta, Loris. *Uma breve história da América Latina*. São Paulo: Cultrix, 2017, p. 52.

No século XX, advogados como Mohandas Gandhi e Nelson Mandela foram diretamente responsáveis por transformar seus países, a Índia e a África do Sul, respectivamente, garantindo a construção de sociedades mais justas.

GANDHI E NELSON MANDELA

Em 1941, um advogado, então presidente dos Estados Unidos da América, Franklin Delano Roosevelt, liderou a criação das Nações Unidas, da qual participavam os países aliados. Foi a gênese das Organizações das Nações Unidas.

A recém-criada organização estabeleceu uma comissão, em 1946, a fim de redigir a Declaração Universal de Direitos Humanos. Buscava-se um consenso no sentido de que a comunidade internacional deveria desenvolver e criar regras a fim de evitar que os Estados deixassem de amparar essas garantias básicas.

A elaboração da primeira redação dessa declaração ficou ao cargo do advogado e jurista canadense John Peters Humphrey. A minuta da Declaração foi, depois, entregue a outro advogado e professor de Direito, o francês, de origem judaica, René Cassin, que lhe deu a redação final. Cassin foi laureado com o prêmio Nobel da Paz em 1968, exatamente pela sua contribuição à Declaração Universal de Direitos Humanos.

A Declaração Universal de Direitos Humanos foi adotada pela Assembleia Geral da ONU em 10 de dezembro de 1948. Quarenta e oito países votaram a favor, enquanto oito se abstiveram de votar. Entre estes últimos, havia a África do Sul, cuja política interna do *Apartheid* não conseguia compatibilizar-se com as regras da Declaração. Também a Arábia Saudita deixou de sancionar a Declaração, pelo fato de que a carta garantia a liberdade de culto e a igualdade entre os sexos, o que não era reconhecido pelos sauditas. Os países que formavam o bloco soviético — União Soviética, Ucrânia, Bielorrússia, Polônia, Checoslováquia e Iugoslávia — não firmaram o documento, possivelmente porque um dos Direitos garantidos era o de liberdade de deixar o país, o que era contrário à política adotada naquele momento por aquele grupo.

A Declaração Universal é um documento jurídico, concebido e elaborado por advogados. Ela reúne conquistas da civilização, num caminho que pode ser traçado desde a Magna Carta, passando pela Carta de Direitos inglesa (*Bill of Rights*), a Declaração de Independência e a Constituição Americana, além da Declaração de Direitos Universais da França. Oferecem-se nela os conceitos básicos de liberdade, dignidade e igualdade. Trata-se de um enorme postulado contra qualquer forma de preconceito. Ao mesmo tempo, nela condenam-se a tortura, a escravidão e a falta de um devido processo legal. A Declaração Universal protege a ampla liberdade de pensamento e de expressão.

Por fim, a Declaração Universal reconhece que o ser humano tem deveres perante a comunidade em que vive, de modo que ele também seja um agente a zelar, de forma ativa, pelos valores constantes no documento, tudo para torná-los concretos.

Até aqui foram narradas importantes conquistas da civilização, que tiveram advogados como artífices e protagonistas. Porém, advogados foram os heróis de infinitas outras vitórias da liberdade e da justiça, quando prestaram socorro a quem os procurou, vítimas de arbitrariedades. A atuação dos profissionais do Direito é um alicerce do Estado democrático. Eles garantem a justiça do dia a dia.

Qual o motivo dessa proeminência dos advogados? Por que essa profissão se sobressai em momentos de crise, tomando a frente em grandes mudanças sociais?

Possivelmente, em primeiro lugar, porque os advogados dominavam as regras. Afinal, para se colocar no tabuleiro e para mudar o jogo, é necessário conhecê-lo.

Depois, os advogados, desde os tempos imemoriais, têm por missão garantir que seus representados recebam justiça. Idealmente e, muitas vezes de forma concreta, o trabalho do advogado consiste em garantir a ordem. Numa sociedade doente, essa missão revela-se complexa e, por vezes, impossível. A experiência profissional será construída de frustrações num Estado despótico, corrupto e arbitrário. Eis por que os advogados sempre estiveram à frente da construção de um Estado de Direito, no qual se tutelam as garantias básicas aos cidadãos. Apenas nessa conjuntura, o advogado consegue ser plenamente útil — e pode-se, portanto, afirmar que o Estado de Direito é o oxigênio dos advogados.

A diferença do papel do advogado num Estado democrático e num Estado despótico oferece potente demonstração de como a liberdade se faz necessária para o exercício da profissão. Na democracia, o advogado tem independência para cumprir sua função de defender quem procura sua ajuda. Num estado repressor, o advogado fica mudo e mutilado: sua atuação perde força — e, sem advogados, grassa a injustiça. Eis mais uma razão pela qual os advogados devem ser intransigentes na luta pela liberdade, nas suas diversas formas de exteriorização. A advocacia, antes de qualquer outra atividade profissional, é inimiga irreconciliável do despotismo.

A defesa da democracia, dos valores de liberdade e de justiça, se constrói diuturnamente. Requer constante vigília e espírito colaborativo da sociedade. Ela é tão frágil ou tão sólida quanto a nossa crença na humanidade.

Na essência, no que se relaciona aos seus fins mais elevados, a advocacia se mantém viva com os propósitos de proteger a sociedade. Já no que se refere ao dia a dia, à prática da atividade, a advocacia se sofisticou extraordinariamente.

Com efeito, como uma sina do mundo contemporâneo, somos condenados à sofisticação. Todas as atividades ganham complexidade e especificação. No ramo da advocacia contenciosa, no campo das lides, não é diferente: a rinha forense tornou-se mais refinada.

Os causídicos mais experientes, saudosistas, gostam de lembrar do tempo em que o escritório de advocacia contenciosa se formava com um ou um punhado de advogados e a profissão se exercia com uma máquina de escrever. A realidade atual mudou: boa parte dos casos alcança temas que ultrapassam as fronteiras do conhecimento jurídico, para invadir áreas como economia, contabilidade, engenharia, medicina, química, esporte, moda e entretenimento. Os tópicos se multiplicam e se aprofundam. "A profissão do advogado é multidisciplinar", registrou Francisco Müssnich.[19] Essa extraordinária sofisticação é um fato palpável.

A elaboração de contratos demanda especificidade. Na prática hoje corrente, uma eficiente peça jurídica suscita — além, é claro, da fluência na escrita e pertinência dos argumentos técnicos — a indicação de doutrina e da jurisprudência, o que apenas se faz possível com pesquisa árdua. Tudo isso requer um trabalho de equipe.

A prática demonstra que grande parte dos temas que demandam a análise de um advogado envolvem diferentes especialidades jurídicas: matérias de Direito administrativo, processual, civil, penal, patentário, ambiental, entre tantas outras. Essa circunstância igualmente demandará uma atuação que reclama profissionais com diferentes habilidades e áreas de *expertise*. Com tantas atividades, trabalhar em time, organizando as competências de cada um de seus integrantes, tornou-se uma necessidade.

Isso sem falar que, cada vez mais, a advocacia exige uma atuação próxima a outros campos do conhecimento. Com frequência crescente, o profissional de Direito se vê obrigado a discutir a estratégia e a condu-

---

19   Müssnich, Francisco. *Cartas a um jovem advogado*. Rio de Janeiro: Elsevier, 2007, p. 9.

ção da sua causa com um engenheiro, um economista, com um médico. O processo nos dias de hoje ganha ares multidisciplinares, o que se explica pela eventual complexidade do objeto da lide.

Portanto, na avaliação da melhor defesa dos interesses de seu cliente, o advogado deve pensar com a cabeça arejada, identificando as diversas áreas de conhecimento envolvidas na lide, não apenas as inseridas no universo jurídico, mas também aquelas de outras áreas cuja análise se faça conveniente.

A advocacia, na atualidade, deixou de ser uma atividade individual. Advogados atuam em equipe, complementando-se.

Recentemente li sobre uma pesquisa feita pela Universidade de Harvard, por meio da qual, por mais de duas décadas, buscou-se compreender quais os principais fatores que garantiriam a felicidade de um ser humano. Verificou-se que a verdadeira felicidade não está atrelada a dinheiro, fama ou poder. Um indivíduo feliz, segundo a pesquisa, era aquele que mantinha relações sadias e estruturadas com as pessoas mais próximas de seu convívio. Boas relações, com transparência e cumplicidade, com membros de sua família e com quem ele trabalha. Manter um ambiente leal e agradável com os companheiros de escritório é a receita não apenas de sucesso profissional, mas, para além disso, de bem-estar.

Como ocorre com toda engrenagem, qualquer parafuso, por mais complexa que seja a máquina, é essencial. Todas as contribuições são, por conceito, bem-vindas. A união da equipe de advogados faz a força.

Na *Ilíada* de Homero, os gregos têm um líder, Agamenon. Contudo, o épico narra muito mais dos feitos de outros guerreiros, como Aquiles, Ajax, Pátroclo e Ulisses. São esses heróis que, ao fim, ganham a guerra. Entre os advogados, a coisa funciona da mesma forma: quem presta o bom serviço é o time. Ninguém vence as batalhas sozinho. A advocacia é um trabalho coletivo.

# I
# Cultura humanística

"Ciência sem consciência é apenas a ruína da alma."
Rabelais

O bom advogado se distingue por seu conhecimento humanístico, sua qualificação técnica e seu apuro com a ética. Tudo começa com sua cultura humanística.

O papa Júlio II contratou um jovem artista, Rafael Sanzio, para pintar as paredes de sua biblioteca privada, a Stanza della Segnatura. Era um aposento importante dentro do Vaticano, o escritório do papa, justo ao lado da Capela Sistina — que, na época, ainda não tinha esse nome. Naquele local, o papa redigia e revia os documentos — a justificar o nome do local: "quarto da assinatura".

Em 1509, Rafael inicia sua empreitada para concluí-la três anos depois. Para cada uma das quatro paredes, Rafael dedicou um afresco correspondente aos livros guardados nas respectivas estantes. As paredes acumulavam livros relacionados aos seguintes temas: teologia, filosofia, poesia e Direito.

A pintura mais famosa dessa sala é a *Escola de Atenas*, na estante dedicada à filosofia. Nele, Rafael emprega o que então se considerava a vanguarda em termos artísticos, numa composição que prestigiava a proporção, a ponto de, num truque de perspectiva, criar uma ilusão de ótica — o chamado *trompe-l'oeil* —, a fim de dar a impressão de continuidade do ambiente.

O afresco retrata diversos filósofos, 58 ao todo, com Platão e Aristóteles no centro. Platão, com uma das mãos, carrega uma cópia do *Timeu*, um de seus mais conhecidos diálogos. Com a outra mão, aponta para cima, a demonstrar seu pensamento idealista. Já Aristóteles, à direita, segura a *Ética*, sua famosa obra, enquanto sua outra mão se coloca em suspenso sobre o chão, a demonstrar a visão empírica de sua filosofia.

ESCOLA DE ATENAS

Na parede correspondente aos livros jurídicos, Rafael pintou as virtudes cardeais — fortaleza, prudência e temperança — e as virtudes teológicas — fé, esperança e caridade. Nas laterais da janela, há, de um lado, a imagem do jurista Triboniano entregando o *Corpus Iuris Civilis*, a grande obra jurídica clássica, ao imperador Justiniano e, do outro, a entrega dos *Decretos* do papa Gregório IX, outra obra legal fundamental para a história da Igreja, pois se tornou a base do Direito canônico. Como forma de adulação, Rafael, ao retratar Gregório IX, põe neste a face de Júlio II, o pontífice que lhe encomendara as pinturas.

PAREDE DO DIREITO DA STANZA DELLA SEGNATURA

A escolha dos temas representados nessa sala, o centro nervoso da Igreja, diz muito. Imagina-se que Rafael e Júlio II, dois icônicos personagens da Renascença, ambos brilhantes, tenham, de alguma forma, discutido sobre o conteúdo da obra.

O papa Júlio II sabia bem que, para cumprir sua função, não bastava apenas se ater aos termos religiosos. Gênios da Renascença, como Rafael, compreenderam o benefício do conhecimento amplo de diversas áreas do saber. Com os advogados não é diferente.

Teologia, filosofia, poesia e Direito: eis os principais assuntos que, segundo aquelas grandes figuras do Renascimento, o homem culto deveria dominar. Com essa visão holística, seria mais fácil compreender o mundo à sua volta.

Quando, na Idade Média, foram criadas as primeiras universidades no Ocidente, estabeleceu-se um modelo de educação que privilegiava o conhecimento universal, sob temas diversos. Submetia-se o aluno à cultura geral. Esse modelo copiava os gregos clássicos: uma forma de educação preconizada, entre outros, por Platão.

Os estudantes se aprofundavam nas sete artes liberais. No primeiro ano, estudavam o trívio — *trivium* —, quando eram introduzidos à lógica, à gramática e à retórica. No segundo ano, o *quadrivium*, pelo qual recebiam lições de geometria, aritmética, astronomia e música.

Por esse caminho, o aluno abria seus horizontes, ainda que, no futuro, ele optasse por se especializar em alguma matéria.

Esse modelo — ao menos no Brasil — se perdeu. A educação, nos dias de hoje, em vez de se preocupar em fornecer conhecimentos gerais, preza um foco certeiro. Na faculdade de medicina se estuda apenas (ou praticamente apenas) matérias relacionadas a esse ramo do conhecimento. O mesmo se pode dizer dos cursos de engenharia, economia ou Direito. Atualmente, salvo honrosas exceções, não se promove, sequer se estimula, o conhecimento humanístico. Consoante denuncia a filósofa e professora de Direito Martha Nussbaum — em trabalho cujo subtítulo é exatamente "Por que a democracia precisa das humanidades" —, "as artes e as humanidades estão sendo eliminadas em quase todos os países do mundo".[20]

Condenados à especialidade, perdemos o todo.

Para agravar, a tecnologia nos condiciona a um raciocínio digital. Se queremos conhecer algum assunto, digitamos o tema e o computador cospe um sem-fim de informações específicas sobre a matéria consultada. Antes da revolução tecnológica, que chegou com a internet e o fácil acesso aos bancos de dados, se desejássemos saber algo, tínhamos de recorrer aos livros. Era necessário se socorrer do índice — e esse mero exercício de leitura dos índices já proporcionava um aprendizado, pois assim se tinha acesso ao conjunto da obra, compreendendo-se que o assunto não estava isolado, mas integrado a algo maior, inserido num contexto. Comumente, fazia-se necessário ler o livro todo para colher a informação desejada. Esse longo caminho tomava tempo, mas oferecia um fruto mais rico. Não apenas porque proporcionava o aprendizado de coisas novas, mas também porque nos permitia angariar uma visão ampla do tema e daquilo estava ao redor dele. O grande risco dessa análise em departamento é deixar de ver o objeto de análise na sua inteireza, deixando de fora qualquer raciocínio que se valha da analogia.

---

20  Nussbaum, Martha. *Sem fins lucrativos: por que a democracia precisa das humanidades*. São Paulo: Martins Fontes, 2019, p. 4.

No Direito, como fenômeno social, a apreciação do fato sem se ater à circunstância que o cerca — e, comumente, o justifica — será defeituosa. Sem contextualizar o fenômeno, perde-se a essência.

O advogado que se contenta em estudar apenas o campo jurídico, deixando de lado outras áreas do saber, fatalmente comprometerá a qualidade do seu serviço. Afinal, o bom advogado é muito mais do que apenas um técnico em Direito. Logo, o advogado deve amealhar cultura. Conhecer obras de arte, ouvir boa música, assistir a bons filmes e, principalmente, ler. Afinal, quando arte e Direito se encontram, ambos ganham. Francesco Carnelutti resumiu bem o tema: "A arte, assim como o Direito, serve para ordenar o mundo."[21]

A cultura geral garantirá ao advogado mais instrumentos para se comunicar melhor. Em regra, a leitura fornece vocabulário — e usar a palavra apropriada pode fazer toda a diferença — e ensina a cadência para expressar o que se quer dizer.

Ademais, há um risco de a linguagem excessivamente técnica se tornar enfadonha e cansativa. O texto trucado e artificial afasta o leitor. A literatura, de certa forma, serve para higienizar o excesso dos jargões e termos científicos — pois, convenhamos, a linguagem jurídica tem uma queda, algo cafona, para o barroco e o rococó... Machado de Assis, Eça de Queiroz, Érico Veríssimo, Monteiro Lobato e Fernando Pessoa, entre outros grandes mestres da literatura em português, servem de antídoto, facilitando o acesso à escrita escorreita e elegante.

Lorenzo Valla, famoso professor de retórica italiano do começo do Renascimento, registrou, numa carta escrita em 1433, que mais valia uma página de Cícero, exímio orador, do que toda obra do jurista Bartolo.

Com razão, Tercio Sampaio Ferraz Jr., questionado acerca do que considera necessário para a formação do profissional de Direito, regis-

---

21  Carnelutti, Francesco. *A arte do Direito*. São Paulo: Pillares, 2007, p. 17.

tra: "Acho que vale, na formação do jurista de hoje, uma forte inspiração no mundo da arte."[22]

San Tiago Dantas pontificou:

> De modo que o saber humanista, num universo convulsionado como o de hoje, é um preservador do equilíbrio mental e um constante corretivo à sedução das generalizações. Ele nos auxilia a resguardar a "constante humana" que as transformações históricas mais catastróficas não comprometem jamais. Ele indica o plano de recuperação por onde se fará a volta dos corpos agitados a um estado de equilíbrio. E ele tranquiliza os espíritos alarmados, graças ao seu poder de desmascarar as novidades.[23]

Cultura pode ser explicada e compreendida a partir de diferentes pontos de vista. Roger Scruton, ao examinar essas distintas acepções, registra que os antropólogos a definem como os "costumes e artefatos que são partilhados e cuja partilha traz coesão social".[24] Já para os etnólogos, a cultura abarca as características intelectuais comportamentais e emocionais transmitidas num determinado grupo. Os sociólogos, por sua vez, caracterizam cultura de forma mais restrita, como pensamentos e hábitos que identificam um grupo. Como se vê, em todas essas definições, avulta a ideia de um bem compartilhado. Scruton fala ainda da "alta cultura", isto é, "a acumulação de arte, literatura e reflexão humana que resistiu ao 'teste do tempo'".[25]

---

22  Ferraz Jr., Tercio Sampaio. In: Dal Pozzo, Agusto Neves; Martins, Ricardo Marcondes; Ferraz Jr., Tercio Sampaio. *Diálogos sobre teoria geral do Direito*. Belo Horizonte: Fórum, 2023.

23  Dantas, San Tiago. *Palavras de um professor*. 2ª ed. Rio de Janeiro: Forense, 2001, p. 139.

24  Scruton, Roger. *A cultura importa: fé e sentimento em um mundo sitiado*. São Paulo: LVM, 2024, p. 17.

25  Ibidem, p. 18.

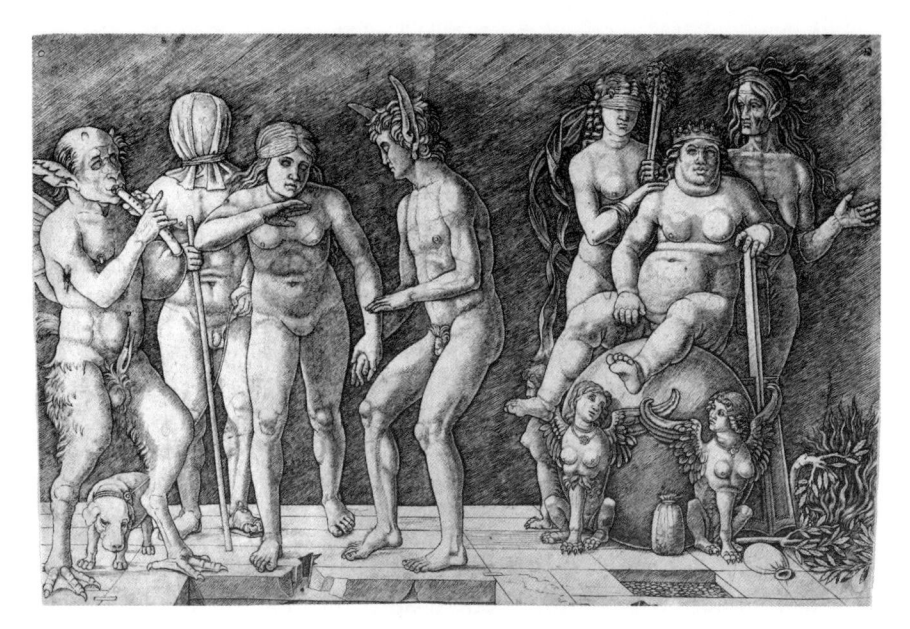

*VIRTUS COMBUSTA*

O pintor renascentista Andrea Mantegna, na última década do século XV, iniciou uma obra, infelizmente inacabada, denominada *Virtus combusta* — "a virtude em chamas". O trabalho, hoje exposto no Museu Britânico, mostra como a ignorância se apossa da humanidade. O "Erro" — no quadro retratado como um homem com orelhas de burro — conduz uma mulher para a beira de um poço. O "Erro" recebe o auxílio de um sátiro, figura mitológica metade humana, mas com pequenos chifres, rabo e pernas de cabra, que, tocando uma flauta, representa a devassidão e a falta de atenção — como uma alienação decorrente da luxúria e da ausência de discernimento. Há ainda, ao lado do grupo, um homem com o rosto coberto, que, acredita-se, simboliza a fraude. À direita, sentada num trono, vê-se a "Ignorância", representada como uma mulher gorda, nua, ao lado de duas figuras: a avareza e a inveja (com grandes orelhas e cabelos desgrenhados).

A "Ignorância", sem esboçar qualquer reação, apenas observa a mulher prestes a cair no poço, guiada pelo "Erro", pela irresponsabilidade e pela "Fraude".

A obra guardava, por óbvio, um propósito educativo e moralista. "A virtude em chamas" alertava ao espectador sobre os descaminhos e o destino deletério da ignorância.

O advogado deve rumar em sentido oposto ao da ignorância, buscando sempre iluminar-se. O homem não pode ir além de seu conhecimento. Por isso, para alargar seu caminho, ele deve buscar o constante aprimoramento, aprofundando-se nos temas de seu interesse, que irão auxiliá-lo a desempenhar seu mister — e a torná-lo uma pessoa melhor.

Valem, aqui, dois registros finais acerca desse tema: o primeiro é o de que cultura não deve servir como forma de destilar a vaidade. Exibir desnecessariamente cultura não traz proveito — e abre a porta para a antipatia. A referência a alguma citação literária ou a menção histórica apenas se justifica se for pertinente. Do contrário, revela somente a falta de sensibilidade do expositor. Além disso, como ensinou Montaigne em seu ensaio "Do pedantismo", "não procure ver quem é mais erudito, e sim quem é melhor erudito". Uma citação ou uma referência bem empregada vale mais do que uma dezena de menções e frases, ainda que belas e de notáveis autores, se empregadas fora do contexto.

## Conhecer a humanidade

"Quem quiser saber em que consiste o trabalho do advogado, deverá compreender o seguinte: de cada cem assuntos que passam pelo escritório de um advogado, cinquenta não são judiciais."[26] Eis o registro do uruguaio Eduardo Couture, advogado e professor experiente — foi o decano da Universidade de Montevidéu.

Pessoas procuram advogados para solucionar diversos tipos de problema. Até mesmo temas que apenas existem por conta de alguma dificuldade psicológica de quem consulta o causídico. Munido de em-

---

26  Eduardo Couture, *Os mandamentos do advogado*. Porto Alegre: Fabris, 1979, p. 33.

patia, cabe ao advogado separar o joio do trigo, identificando quando e como ele pode ser útil.

EDUARDO COUTURE

Como revela a experiência prática, o advogado, num primeiro momento, trata do fenômeno humano. Eis, então, um inicial proveito da cultura geral na advocacia: o profissional ganha familiaridade com a natureza humana. O escritor e teólogo inglês C.S. Lewis bem resumiu: "A experiência literária cura a ferida da individualidade sem diminuir o seu privilégio. [...] Ao ler a grande literatura, eu me torno mil homens e, mesmo assim, continuo a ser eu mesmo."[27] Com a empatia que a leitura fomenta, o advogado estará mais capacitado para lidar com quem procura seu auxílio.

Ademais, por mais complexo que seja o tema em exame, muito provavelmente ele se relaciona, de alguma forma mais ou menos intensa, com as idiossincrasias da nossa condição; somos suscetíveis a despeito, inveja, ciúme, vaidade, orgulho, raiva, entre outros tantos sentimentos menos nobres que perturbam a humanidade. Não raro, a verdadeira razão de um conflito se esconde nessas emoções.

O dramaturgo romano — e escravo liberto — Terêncio, que viveu no segundo século da nossa era, pôs na boca de um de seus personagens a

---

27  Lewis, C. S. *Como cultivar uma vida de leitura*. Rio de Janeiro: Thomas Nelson, 2020, p. 10.

seguinte afirmação: "*Homo sum: nihil humani a me alienum puto*" — "sou homem: nada do que é humano me é estranho". De fato, o humano deve compreender o próximo a partir de si mesmo: nas suas dificuldades e virtudes. Essa aceitação passa pelo reconhecimento de nossa natureza comum.

A cultura proverá o advogado de um cabedal de conhecimento a respeito dos tipos humanos. Isso porque a literatura e a história já contaram tudo. A cultura irá preparar o profissional para se relacionar com as dificuldades humanas. Será como o experiente padre que, ao ouvir as primeiras palavras da confissão, consegue antever o pecado cometido, ainda não revelado pelo confidente.

Ao nos instruirmos, conhecemos história, filosofia e literatura, ganhamos sensibilidade. A partir daí, como já dito, ficamos mais abertos a nos colocar no lugar do outro. Sem essa capacidade, o advogado terá a mesma eficiência de um robô, que cumpre suas funções sem compreender o sentido delas. Para que o advogado possa ajudar quem lhe pede socorro, precisa compreender a aflição do socorrido. Isso se agrava porque, na maior parte das vezes, quem solicita ajuda não tem conhecimento jurídico e, muito menos, experiência com as idiossincrasias dos tribunais. Mais ainda, comumente quem quer o auxílio de um advogado sequer sabe como se colocar diante da adversidade que o aflige.

Aguçar sua sensibilidade em relação ao que é humano ajuda o advogado a compreender o drama de quem procura a sua ajuda. Deixem-me contar um episódio: ainda jovem advogado, eu explicava a um cliente octogenário que o processo dele passaria ainda por alguns incidentes, dando-lhe conta de que o resultado que desejávamos ainda demoraria algum tempo, que, segundo minha estimativa, seria de uns seis meses a contar daquela data. O senhor, educadamente, me deu uma lição: "Seis meses para você é diferente do que seis meses para mim", disse ele. Entendi. Ele tinha toda razão. Com mais de 80 anos, o tempo tinha uma dimensão diferente para aquele senhor do que tinha para mim. O senhor, meu cliente, pela idade avançada, precisava de uma decisão mais veloz, sob pena de meu trabalho não ter, para ele, qualquer serventia.

Acima de tudo, o advogado deve ler. Principalmente, deve ler para além do Direito: história, filosofia, sociologia, crítica, dramaturgia e, claro, bons romances — que melhor desnudam a natureza humana. Atribui-se ao Padre Antônio Vieira essa definição precisa: "São os livros uns mestres mudos, que ensinam sem fastio, falam a verdade sem respeito, repreendem sem pejo, amigos verdadeiros, conselheiros singelos...".

Cumpre estimular a boa leitura, aquela com a qual promovemos uma discussão íntima, através da qual questionamos ou concordamos com o que o livro nos diz.

Para tanto, deve-se conservar a mente aberta para receber informações, sem preconceitos. Bagdá do século IX era o centro do conhecimento mundial precisamente porque lá se admitia estudar e conhecer "a verdade" de onde quer que ela viesse, inclusive de povos estrangeiros e lugares distantes. Aquele povo, naquele momento histórico, estudou os gregos clássicos de forma mais profunda do que o Ocidente e disso colheu proveitos. Os ensinamentos dos grandes filósofos gregos da antiguidade chegaram à Europa pelo intercâmbio árabe na Península Ibérica. Ganha quem estiver acessível ao conhecimento.

GONÇALVES DIAS

Antônio Gonçalves Dias, advogado e escritor, envia, em 1857, uma carta ao seu conterrâneo maranhense e também formado em Direito por Coimbra Pedro Nunes Leal, na qual fornece um precioso conselho: "Que se estudem muito e muito os clássicos, porque é miséria grande não saber usar das riquezas que herdamos."[28]

Nesse sentido, o sergipano Carvalho Neto, em seu trabalho dedicado aos advogados, ao falar sobre a leitura, registra, acertadamente, que "nenhuma profissão mais se ressente de sua falta do que a de advogado".[29]

Plutarco, em seu trabalho dedicado à vida de Alexandre, o Grande, conta da estima que o grande general macedônio tinha pela *Ilíada* de Homero. Segundo o historiador, Alexandre carregava consigo uma cópia do épico — uma obra cheia de ensinamentos. Aquele homem da batalha, um dos maiores estrategistas da história, se aconselhava com a literatura, alimentava-se de cultura geral.

O conhecimento geral é um tesouro. Melhor será o advogado dotado de curiosidade e com o espírito atento ao mundo ao seu redor.

## Comunicação: manifestação e interpretação

O advogado quer convencer. Para isso, deve, em primeiro lugar, ser compreendido. Portanto, o advogado, perdoe-se a obviedade, precisa saber se comunicar. Essa necessidade se desdobra na sua capacidade de se fazer entender e na de convencer, persuadir, o interlocutor. Ao mesmo tempo, além da competência para se fazer claro, o profissional do Direito precisa interpretar o que lê e o que lhe é dito.

---

28 Bechara, Evanildo. *Uma vida entre palavras: análise e história da língua portuguesa*. Rio de Janeiro: Nova Fronteira, 2022, p. 218.

29 Neto, Carvalho. *Advogados: como aprendemos, como sofremos, como vivemos*. São Paulo: Saraiva, 1946, p. 61.

Essas aptidões são desenvolvidas. O talento natural ajuda, porém, acima de tudo, a arte da comunicação viceja quando moldada e burilada. Gustav Radbruch conta que Stendhal, o modelar romancista, lia o Código Civil francês para garantir um bom estilo na sua escrita.[30] A maior professora da arte de se comunicar costuma ser a leitura.

Há milênios, estuda-se a melhor forma de se expressar. Pode-se citar, como exemplo, a obra, elaborada no século I da era atual, do jurista Quintiliano, *Instituição oratória*, na qual se "ensinava" a apresentar os argumentos.

Segundo Quintiliano, o início da peroração era seu momento mais importante, quando se deve mostrar "benevolência, atenção e docilidade", a fim de que o discurso seja ouvido com atenção e "aceito pela disposição de espírito do juiz".[31]

Franz Xaver Kappus tinha 19 anos e desejava tornar-se poeta, como ocorre com muitas pessoas nessa idade. O jovem, como é natural, alimentava dúvidas de toda ordem, a começar sobre seu talento. Em 1902, ele envia uma carta ao consagrado poeta Rainer Maria Rilke, uma celebridade, anexando alguns de seus trabalhos. Solicitava críticas. Pedia orientações. Em fevereiro de 1903, Rilke responde ao adolescente. Ao todo, foram dez cartas escritas pelo poeta a Kappus. Em 1929, três anos após a morte de Rilke, essas missivas foram compiladas para formar um livro: *Cartas a um jovem poeta*.

Como explica Cecília Meireles, ao introduzir essas cartas, "as respostas de Rilke não oferecem a Kappus uma receita literária, embora digam coisas essenciais sobre o exercício da literatura. Vão além: tratam da formação humana, base de toda criação artística".[32]

Logo na sua primeira missiva, Rilke reconhece que "as coisas estão longe de serem todas tão tangíveis e dizíveis quanto se nos pretendia fazer crer; a maior parte dos acontecimentos é inexprimível e ocorre num

---

30  Radbruch, Gustav. *Filosofia do Direito*. 6ª ed. Coimbra: Arménio Amado, 1979, p. 223.
31  Quintiliano. *Instituição oratória*. Tomo II. Campinas: Unicamp, 2015, p. 19.
32  Rilke, Rainer Maria. *Cartas a um jovem poeta*. 11ª ed. Porto Alegre: Ed. Globo, 1983, p. 11.

espaço em que nenhuma palavra nunca pisou".[33] Rilke falava para um poeta, não para um advogado. Enquanto o poeta trata de temas abstratos, valendo-se de ambiguidades e metáforas para atingir essas "coisas intangíveis e indizíveis", o advogado deve buscar a clareza, a concretude, a linguagem direta e objetiva.

Os conselhos de Rilke, porém, têm valia também ao advogado, notadamente no que se refere a ser leal à sua vocação. Entre outras pérolas de sabedoria, o poeta faz uma valiosa ressalva: cuidado com a ironia. Uma outra lição de grande importância: a dúvida educa e a crítica pode ser transformada em sabedoria.

A princípio, o leitor de uma peça jurídica não a lê por prazer. Faz isso por ofício. Entretanto, quando esse ofício se torna deleite, todos se beneficiam, principalmente o redator.

A palavra "comunicação" tem sua origem no conceito de "comum". A boa comunicação é aquela que integra emissor e receptor, tornando o objeto "comum". No universo jurídico, não se escreve ou se fala para si mesmo, mas visando a transferir uma mensagem, a torná-la clara ao destinatário.

De pouco adianta ao advogado reclamar que o julgador não entendeu suas razões. Faz parte do trabalho do advogado se fazer compreender. É ele que deve aproximar seu discurso da compreensão de quem examina seu pleito.

A boa comunicação começa por saber exatamente o que se quer dizer. Em seguida, certificar-se de que se expressa em consonância com a mensagem que se pretende passar. Na comunicação técnica, as ambiguidades abrem portas para o desvio de onde se quer chegar.

Como antes se referiu, na Grécia clássica e na Roma antiga não havia propriamente a profissão de advogado, porque não se admitia que se cobrasse por essa atividade. Existiam, contudo, notadamente em Roma, estudiosos do Direito e professores de retórica — isto é, a arte de falar de forma persuasiva.

---

33  Ibidem, p. 21.

Quintiliano, um dos grandes oradores da antiguidade, antes mencionado, viveu em Roma, no primeiro século da nossa era. Para ele, Deus, o arquiteto do mundo, havia dotado o homem de uma característica que o distinguiria de todos os outros animais: a fala.

A palavra é a ferramenta do advogado. Fundamental saber usá-la. Visto de outro ângulo, sem o domínio da palavra, o advogado fica impotente. A escola do bom uso da palavra é a leitura. Comumente, quem lê muito redige bem e terá mais facilidade para expor e concatenar suas ideias.

Um importante cuidado da comunicação, mormente nos dias atribulados de hoje, se relaciona à concisão. O advogado deve ser objetivo. Nas suas *Confissões*, Santo Agostinho constatou que "comumente, a abundância de palavras é testemunho da pobreza da inteligência humana".[34] Machado de Assis, por sua vez, já dizia: a tesoura é a melhor amiga do escritor.

Há cinquenta anos, a quantidade de processos tramitando nos tribunais brasileiros era a menor em comparação aos dias atuais. O número atualmente se agigantou, atingindo proporções desumanas. Essa circunstância demanda do advogado uma outra forma, mais objetiva, de expor suas razões.

Se tivermos a oportunidade de ver petições escritas há décadas, possivelmente encontraremos trabalhos longos, com uma linguagem rebuscada, repleta de mesuras. Esse modelo e padrão já não se justificam nos nossos dias — e comprometem a eficácia da atuação do causídico. Isso porque os julgadores atualmente têm pouco tempo — afinal, devem dividir sua atenção a, sem exagero, milhares de causas. Diante dessa dura realidade, as razões devem ser diretas, sem afetações ou rodeios.

Não convém ao advogado se perder em divagações ou se desviar muito do caso concreto. A sua escrita deve fluir, dirigindo-se diretamente ao ponto em debate.

---

34  Santo Agostinho. *As confissões*. São Paulo: Editora das Américas, 1961, p. 371.

De nada vale e pode até ser nocivo citar doutrinas e decisões judiciais que não estejam claramente relacionadas ao tema. Caso seja necessário explicar ou interpretar essas referências, melhor nem as citar.

No mundo contemporâneo, a objetividade se revela não apenas aconselhável, mas fundamental. As pessoas e, principalmente, os julgadores são ocupados. Se não forem consumidos por suas tarefas profissionais — um grupo cada vez menor de seres humanos —, são, na maior parte das vezes, impacientes em relação a floreios e desvios na apresentação dos postulados. Ganha-se sempre em se expressar diretamente.

Ao se manifestar, o advogado deve guiar-se pela moderação, compostura e temperança. Invariavelmente, deve-se velar pela objetividade.

Ademais, um preâmbulo grande costuma denotar falta de razão no mérito, consoante alertou Aristóteles em sua obra acerca da retórica.[35] O excesso de preliminares revela a falta de confiança no tema central em discussão. Schopenhauer, em seu trabalho sobre persuasão, denuncia: "Os ignorantes têm um respeito muito particular pelos floreios retóricos gregos e latinos."[36]

Uma apresentação organizada das ideias prova a correção da causa. Há métodos eficientes de expor as razões.

Segundo Aristóteles, o epílogo ideal se compõe de quatro partes: na primeira, deve-se predispor o auditório em nosso favor; na segunda, cuida-se de "amplificar ou atenuar o que foi dito"; na terceira, estimula-se a paixão de quem nos escuta e, finalmente, na quarta, promove-se uma breve recapitulação do que foi explanado.[37]

Em 1935, Piero Calamandrei, notável jurista italiano, lança um pequeno livro, examinando a relação entre juízes e advogados. Com invulgar senso de humor, Calamandrei conta pequenas histórias e registra uma série de pérolas de sabedoria, como a seguinte:

---

35  Aristóteles. *Retórica*. São Paulo: Edipro, 2011, p. 255.
36  Schopenhauer, Arthur. *Como vencer um debate sem precisar ter razão*. Rio de Janeiro: Toopboks, 1997, p. 166.
37  Aristóteles. *Retórica*. São Paulo: Edipro, 2011, p. 270.

> Útil é o advogado que fala apenas o estritamente necessário, que escreve clara e concisamente, que não estorva o pretório com a grandeza da sua personalidade, que não aborrece aos juízes com a sua prolixidade nem os põe desconfiados com as suas subtilezas — isto é: exactamente o contrário do que certo público entende por "grande advogado".[38]

A literatura jurídica se caracteriza pela clareza. Há uma diferença sensível entre o texto técnico e o literário. Neste, há espaço para divagações e imprecisões. Já no texto técnico, prima-se pela precisão. O advogado quer deixar seu ponto evidente, ostensivo, límpido, ainda que faça isso com sutileza. Para esse fim, idealmente deve-se cuidar da propriedade terminológica, isto é, adotar os termos científicos adequados para identificar o fenômeno.

A ironia e o sarcasmo, por regra, são evitáveis. O seu uso excepcional deve ser visto com prudência e moderação.

Num dos julgamentos mais famosos da história — conhecido principalmente pela sua injustiça (pois, corretamente, se diz que os julgamentos injustos nunca terminam) —, Sócrates, em 399 a.C., é acusado de impiedade e de corromper a juventude. Um libelo impreciso. O filósofo grego, como era costume na época, apresenta sua própria defesa a um grande corpo de julgadores, formados por cidadãos de Atenas. Sócrates, na sua manifestação, abusa da ironia.

Começa seu discurso por dizer que, depois de ouvir os acusadores, "quase esqueci-me de quem sou".[39] Queria assim dizer que a acusação era tão exagerada sobre ele, que nem ele mesmo teria compreendido de quem se falava. Puro sarcasmo. No caso, não deu certo. Era um julgamento político. Como se sabe, Sócrates, com sua exposição arrogante, acabou condenado, embora sua única falta fosse a sinceridade.

---

38 Calamandrei, Piero. *Êles, os juízes, vistos por nós, os advogados*. 3ª ed. Lisboa: Livraria Clássica Editora, 1960, p. 108.

39 Platão. *Apologia de Sócrates*. Brasília: Editora da Universidade de Brasília, 1997, p. 15.

Ser claro, contudo, é apenas o começo da missão do advogado. Ao se manifestar, o advogado faz mais do que apenas apresentar um argumento ou um ponto de vista: ele quer convencer. Portanto, não se trata apenas de trazer um tema e exercitar a dialética. O advogado quer que seu argumento prevaleça. Trata-se da dialética erística, definida por Schopenhauer como "a arte de discutir, mais precisamente a arte de discutir de modo a vencer".[40]

Advogar é argumentar. O filósofo do Direito Tercio Sampaio Ferraz Jr. esclarece:

> Decidir é uma ação humana e qualquer ação humana ocorre numa situação comunicativa. Falar, sorrir, chorar, correr são comportamentos que, quer queiram ou não, dizem algo a outrem. Constitui um axioma conjectural da teoria da comunicação o pressuposto de que o comportamento é comunicação, é troca de mensagens e que a comunicação não tem contrário: é impossível não se comunicar. Quem, por algum modo, não se comunica "comunica que não se comunica".
>
> A decisão, portanto, é ato de comunicação. É ação de alguém para alguém. Na decisão jurídica temos um discurso racional. Quem decide ou quem colabora para a tomada de decisão apela ao atendimento de outrem. O fato de decidir juridicamente é um discurso racional, pois dele se exige fundamentação. Não deve apenas ser provado, mas *com*-provado. Essa comprovação não significa necessariamente consenso que aliás nem precisa ocorrer. Por isso, uma decisão que não conquiste a adesão dos destinatários pode ser, apesar do desacordo, um discurso fundamentante (racional).
>
> A regra suprema do discurso decisório jurídico é a do dever de prova: quem fala e afirma responde pelo que diz. Para ser racional, o discurso decisório tem de estar aberto à possibilidade de questionamento.[41]

---

40 Schopenhauer, Arthur. *Como vencer um debate sem precisar ter razão*. Rio de Janeiro: Toopboks, 1997, p. 95.
41 Ferraz Jr., Tercio Sampaio. *Introdução ao estudo do Direito*. 4ª ed. São Paulo: Atlas, 2003, p. 323.

Além de dominar a arte de se expressar, o advogado deve ser capaz de compreender.

Em *Dom Casmurro*, de Machado de Assis, a história é narrada pelo personagem Bentinho. Somos apresentados aos fatos pela perspectiva dele. No curso do livro, o leitor percebe: a manifestação de Bentinho tem um viés. O narrador habilmente pretende nos convencer de seu ponto de vista. Quem não percebe essa tendência do narrador, perde a adequada compreensão da obra.

No âmbito de um litígio, ao se ler a peça apresentada por um advogado, há sempre um viés. A manifestação não é neutra. Por outro lado, o advogado, tal como Bentinho, não pode escancarar sua parcialidade, para não criar uma resistência do leitor ou tornar ridícula sua manifestação. Deve haver uma aura de distanciamento, de neutralidade, sob pena de sequer se respeitar o que se escreveu ou se disse. Há uma delicadeza nessa apresentação, que o advogado precisa dominar.

Conta-se a história do advogado que tinha oito filhos, o que dificultava muito que ele alugasse uma casa para a moradia de sua família, na medida em que os potenciais locadores tinham receio de que seu imóvel acomodasse tantas crianças. Sem desistir do seu propósito, o advogado solicitou que sua mulher fosse, juntamente com sete de seus filhos, fazer um passeio no cemitério local, enquanto ele e o oitavo filho seguiriam buscando uma residência para locação. Dirigiu-se, então, para o imóvel de que havia mais gostado, quando o proprietário do bem visitado pelo advogado e seu oitavo filho, perguntou-lhe se tinha outros filhos, ele candidamente respondeu: "Sete outros. Eles estão com a mãe no cemitério." Pronto. Sem mentir, o arguto advogado não ofereceu adequadamente a informação. O locador, sensibilizado e com a ideia equivocada da realidade, aceitou o novo inquilino. Com isso, o advogado, finalmente, conseguiu um lugar para morar com sua família.

Os sofistas, na Grécia clássica, perceberam a existência de importante diferença entre a verdade e a opinião. Atribui-se ao filósofo Parmênides de Eleia, nascido por volta de 546 a.C., a formulação de um conceito fundamental: a distinção entre o que é — a verdade — e aquilo que apenas aparenta ser a verdade — uma opinião. A verdade deriva da razão, ao passo que a opinião se forma pelo sentido.

Protágoras de Abdera, filósofo da geração seguinte à de Parmênides, enunciou: "O homem é a medida de todas as coisas." Com isso, ele queria dizer que as verdades poderiam ser subjetivas, pois se relacionam às nossas impressões sensoriais. O que para uma pessoa era belo poderia não ser para outra. O preço do mesmo bem poderia ser caro para um e parecer barato a outro.

Todos nós ficamos suscetíveis aos argumentos na medida em que estes despertam sentimentos. E, de cada um, determinados argumentos recebem reações distintas. A verdade, dessa forma, se torna relativa.

Quando estudavam a retórica, os gregos antigos não se preocupavam com a verdade, mas com a melhor forma de apresentar um argumento e, assim, vencer o debate. Desenvolveram a erística: a arte de discutir com as palavras. Essa técnica passava, inclusive, pela criação de raciocínios tortuosos que, embora falsos, guardavam a aparência de verdadeiros: os chamados sofismas. Sciacca, clássico historiador de filosofia, conta que Parmênides se jactava de ensinar a "tornar mais forte a razão mais fraca".[42]

O trabalho do advogado é persuadir. A linguagem costuma funcionar como poderoso aliado para esse fim. Há diversos recursos retóricos à disposição. Pode-se valer, por exemplo, da interrogação retórica, por meio da qual se faz uma pergunta apenas para cativar a atenção do interlocutor. O advogado inicia a sua peroração indagando: "Onde está a justiça aqui?" Pronto, esse recurso pode fisgar a atenção dos julgadores. Há também a reiteração, na qual se repete uma palavra ou uma frase, que vai ganhando força, como se fosse um encantamento. O ativista norte-americano Martin Luther King Jr. pronunciou um dos mais belos discursos da história, em agosto de 1963, nos degraus do Lincoln Memorial, em Washington. Para fortalecer o conteúdo de sua fala, que pregava a

---

42  Sciacca, Michele Federico. *História da filosofia*, vol. I. São Paulo: Mestre Jou, 1962, p. 39.

harmonia racial, Luther King iniciava suas considerações sempre com a mesma frase: "Eu tenho um sonho" — "*I have a dream*", no original. Essa repetição deu potência à sua fala, que se tornou merecidamente icônica. Pela gradação — também chamado clímax —, outro recurso de linguagem, o discurso se torna mais vigoroso quando se aproxima de seu desfecho, no qual se apresenta a sua ideia central. Dominar essas formas de persuasão são armas do advogado.

RUI BARBOSA

Eis como Rui Barbosa, paradigma de orador, se valeu dessas ferramentas em trecho de sua célebre *Oração aos moços*:

> Se cada um de vós meter bem a mão na consciência, certo que tremerá da perspectiva. O tremer próprio é dos que se defrontam com as grandes vocações, e são talhados para as desempenhar. O tremer, mas não o descorçoar. O tremer, mas não o renunciar. O tremer, com o ousar. O tremer, com o empreender. O tremer, com o confiar. Confiai, senhores. Ousai. Reagi. E haveis de ser bem-sucedidos. Deus, pátria e trabalho. Metei no regaço essas três fés, esses três amores, esses três signos santos. E segui, com o coração puro. Não hajais medo a que a sorte vos ludibrie. Mais podem que os seus azares a constância, a coragem e a virtude. Idealismo? Não: experiência da vida. Não há forças, que mais a senhoreiem, do que essas. Experimentai-o, como eu o tenho experimentado. Poderá ser que resigneis certas situações, como eu as tenho resignado.[43]

O advogado não deve confundir a retórica com a dialética. Há hora para cada uma delas na advocacia. Enquanto a retórica se relaciona à eloquência, a habilidade de argumentar e bem falar, o método dialético, concebido pelos gregos já no século V a.C., consistia em argumentar partindo de proposições — não necessariamente verdadeiras — dos adversários nas discussões, para demonstrar os resultados contraditórios. A partir daí, expõem-se os erros contidos nas próprias premissas apresentadas, desconstruindo os argumentos contrários.

A capacidade de emocionar também pode servir como contrapeso à armadilha das construções cerebrinas. Goethe, numa de suas máximas, alertou:

> Nada é mais inconsequente do que a suprema consequência lógica, porque ela produz fenômenos não naturais, que, por fim, transformam-se no seu contrário.[44]

---

43 Barbosa, Rui. *Oração aos moços*. 5ª ed. Rio de Janeiro: Edições Casa de Rui Barbosa, 1999, p. 38.
44 Goethe, Johann Wolfgang. *Máximas e reflexões*. Lisboa: Relógio D'Água, 1999, número 899.

Por vezes, raciocínios envelopados de conceitos técnicos atingem resultados absurdos. O trabalho do advogado, nesses casos, consiste em trazer o bom senso e a razoabilidade para o centro do debate, a fim de evitar que uma lógica insensível sirva de alimento para monstros.

Em *Como vencer um debate sem precisar ter razão,* Schopenhauer reuniu 38 estratagemas de argumentação persuasiva, denunciando sua fragilidade e lamentando seu uso. São técnicas que vão do desvio do tema, passando pela ironia, pela manipulação semântica e pela falsa proclamação de vitória. O objetivo da obra consiste em identificar a discussão objetiva, séria e construtiva, para distingui-la dos ardis, das artimanhas, dos subterfúgios.

O último estratagema enunciado por Schopenhauer chega a ser curioso — e não menos preocupante:

> Quando percebemos que o adversário é superior e que não ficaremos com a razão, devemos nos tornar ofensivos, insultantes, indelicados. O uso das ofensas pessoais consiste em sair do objeto da discussão (já que a partida está perdida) e passar ao contendor, atacando, de uma maneira ou de outra, a sua pessoa.[45]

Essa agressão, diz o filósofo, é feita de forma "insolente, maldosa, ultrajante, grosseira". Ao expor o tema dessa forma, Schopenhauer deixa claro que as ofensas pessoais, endereçadas à parte que debate, é a estratégia que resta a quem não tem razão e aos menos preparados para discutir em bom nível.

Segundo Leonardo da Vinci, *"Dove si grida non è vera scienza"* — "Onde se grita não há verdadeira ciência". Dito de outra forma, os talentosos e bem formados não agridem, eles seduzem.

Já se disse que o declínio do mundo ocidental se deu no início da época moderna, quando a visão científica, matemática e cartesiana pas-

---

45  Schopenhauer, Arthur. *Como vencer um debate sem precisar ter razão*. Rio de Janeiro: Toopboks, 1997, p. 180.

sou a dominar a apreciação de qualquer fenômeno, inclusive os de natureza social. A especialização fez com que o homem perdesse a visão de conjunto e, assim, a visão de si próprio.

O holocausto, gerido num Estado que fornecia suporte jurídico ao preconceito e ao genocídio, dá boa prova da necessidade de o Direito caminhar sempre próximo aos valores morais e éticos. Também demonstra que existem valores superiores relativos à humanidade e inseridos num contexto maior, os quais jamais podem ser menosprezados.

O alemão Carl Schmitt foi um dos maiores expoentes do Direito constitucional em toda a história. Contudo, ficou conhecido como o "jurista maldito" por sua estrita colaboração com o regime nazista, ao qual se filiara em 1933, quando era professor de Direito da Universidade de Colônia. Ele não foi exatamente um dos primeiros a se engajar na causa (seu número de inscrição no partido de Hitler era 2.098.860), mas a sua adesão foi surpreendente, uma vez que se tratava de um intelectual renomado.

CARL SCHMITT

Schmitt se tornou defensor oficial do regime nazista. Assumiu a cátedra de Direito da Universidade de Berlim, de onde publicava artigos nos quais justificava, do ponto de vista jurídico, os atos do Reich. Mais tarde, com a derrocada do regime, Carl Schmitt ficou preso por dezoito meses, período ao longo do qual escreveu *Ex captivitate salus*, isto é, *O cativeiro liberta*. Interrogado em Nuremberg acerca dos motivos pelos quais apoiara Hitler, o jurista respondeu, sem jamais se retratar: "Bebi o bacilo nazista, mas não fui infectado." Era tarde demais.

O mito de que o Direito é um fim em si mesmo — conceito que embasou as lindas e fascinantes teorias de Schmitt — deveria ser revisto. O Direito serve ao homem, e não o homem ao Direito.

O jurista alemão Gustav Radbruch não foi colaborador do nazismo, mas também não tomou parte em qualquer oposição ao regime. Em 1945, com a derrota na guerra, o modelo jurídico positivista adotado na Alemanha encontrava-se em xeque. Como o ordenamento jurídico havia tolerado tamanha injustiça? Qual seria, ao fim, a função do Direito? Como a sociedade e os advogados deveriam agir diante daquela situação iníqua?

GUSTAV RADBRUCH

Nesse contexto histórico de absoluta perplexidade, o professor e jurista oferece seus "cinco minutos" de filosofia jurídica. São cinco breves lições, cada uma com três ou quatro parágrafos. Na primeira delas, Radbruch diz:

> Ordens são ordens, é a lei do soldado. A lei é a lei, diz o jurista. No entanto, ao passo que para o soldado a obrigação e o dever de obediência cessam quando ele souber que a ordem recebida visa a prática dum crime, o jurista, desde que há cerca de cem anos desapareceram os últimos jusnaturalistas, não conhece exceções deste gênero à validade das leis nem ao preceito de obediência que os cidadãos lhe devem. A lei vale por ser lei, e é sempre que, como na generalidade dos casos, tiver do seu lado a força para se fazer impor.
>
> Esta concepção da lei e sua validade, a que chamamos Positivismo, foi o que deixou sem defesa o povo e os juristas contra as leis mais arbitrárias, mais cruéis e mais criminosas. Torna equivalentes, em última análise, o Direito e a força, levando a crer que só onde estiver a segunda estará também o primeiro.[46]

Em seguida, Radbruch indica a importância do conceito de justiça na construção de um ordenamento. Para que se legitimem, as leis, ou qualquer preceito jurídico, devem estar em harmonia com os grandes princípios, como o bem comum, a segurança jurídica e a justiça. Sem atender a esses valiosos vetores, o Direito não cumprirá sua missão. Pior: será instrumento da barbárie.

Não há Direito sem valores, ensina a história.

No futuro, o momento em que vivemos decerto será identificado como o de uma revolução tecnológica sem precedentes, que garantiu o acesso irrestrito à informação e rompeu com um modelo que existia desde a "descoberta" da imprensa.

O filósofo polonês Zygmunt Bauman denunciou a crise contemporânea da humanidade: vivemos num mundo líquido, em que a solidez das relações humanas é vista como uma ameaça. "Qualquer juramento de fidelidade, qualquer compromisso de longo prazo — para não falar em compromissos intemporais —, prenuncia um futuro sobrecarregado de obrigações que limitam a liberdade de movimentos e a capacidade de

---

46  Radbruch, Gustav. *Filosofia do Direito*. 6ª ed. Coimbra: Armenio Amado Editor, 1979, p. 415.

agarrar no voo as novas e ainda desconhecidas oportunidades que venham a surgir."[47] Tudo acontece rapidamente. Até mesmo a força das relações é fugaz.

Com a enorme carga de informações e tamanho acesso às novidades, o mais recente parece sempre ser o mais importante. O relevante se perde na imensidão de notícias.

Eis, portanto, por que o homem tem de compreender como digerir a quantidade avassaladora de informações absolutamente cruas a que ele é diuturnamente submetido.[48] Esse passo, hoje fundamental, somente se dará por meio da educação, da absorção da cultura, que permitirá uma apreciação valorativa dos fatos.

... e não basta apenas ler! Nietzsche explica: "É verdade que, para praticar a leitura como uma 'arte', é necessário, antes de mais nada, possuir uma faculdade hoje muito esquecida (por isso há de passar muito tempo antes de meus escritos serem 'legíveis'), uma faculdade que exige qualidades bovinas e não as de um homem moderno, ou seja, a ruminação."[49]

Se a sociedade não estiver atenta, menosprezar o risco de digerir tantas informações, seremos condenados à superficialidade, à perda dos marcos, à lassidão moral e ética. Num contexto sufocado por informações e desacompanhado de padrões valorativos, não há uma língua comum: o certo e o errado se confundem, deixam de ser percebidos o belo e o feio.

Essa situação revela-se alarmante quando se reconhece que a ética não é, para a sociedade, uma escolha. Como veremos adiante, sem ética, a sociedade está condenada a viver na barbárie, na desordem, na absoluta desarmonia. Nesse mundo e nesse contexto, os advogados acabam assumindo a responsabilidade de vigias morais.

---

47  Bauman, Zygmunt. *44 cartas do mundo líquido moderno*. Rio de Janeiro: Zahar, 2011, p. 112.
48  Sobre o tema, ver Friedman, Thomas L. *Thank You for Being Late*. New York: London, Picador, 2016.
49  Nietzsche, Friedrich Wilhelm. *A genealogia da moral*. São Paulo: Lafonte, 2017, p. 17.

Por esse motivo também, resta claro que o advogado, para desempenhar a sua atividade, deve munir-se de sólida formação cultural. Não há dúvidas de que o causídico apenas cumprirá sua atividade adequadamente se investido dessa bagagem: deve conhecer os clássicos da literatura, porque assim terá mais ferramentas para se expressar, para interpretar e para desvendar os mistérios da natureza humana. Deve se familiarizar com as artes, a música, o cinema. Como sói acontecer, aqueles que leram mais, que refletiram e se sensibilizaram com as artes, têm mais elementos e recursos, tornando-se pessoas mais interessantes.

Como a cultura é, possivelmente, o grande condutor de valores éticos, a interação com as artes e a literatura promove um rico amadurecimento. O contato frequente com fontes da cultura serve como fator de formação e aprimoramento pessoal e profissional.

O professor de literatura Gilbert Highet, ao tratar da força dos gregos clássicos, explicou que o verdadeiro domínio se dá pela força da cultura:

> Civilização significa educação: não apenas para crianças, mas também para adultos, homens e mulheres, ao longo de toda a vida. Um dos mais variados e interessantes métodos dessa educação é a literatura. A Grécia sabia que dramas e canções, contos e histórias, não são somente entretenimento passageiro, mas, devido ao seu conteúdo sempre fértil, são posses permanentes para o espírito. Foi esta a descoberta dos gregos. Eles não eram muito ricos nem muito poderosos. O Egito era mais rico. A Pérsia era muito mais poderosa. Os gregos, porém, eram civilizados, porque pensavam.[50]

---

50 Highet, Gilbert. *A tradição clássica: influências gregas e romanas na literatura ocidental*. Campinas: Sétimo Selo, 2024, p. 689.

# II
# Conhecimento técnico

"Grande é o poder da arte da disputa"[51]
Platão, *A república*

O bom profissional deve dominar seu ofício. No caso do advogado, esse conhecimento tem mais de um campo. Ele deve entender a ciência jurídica e, além disso, saber a melhor forma de apresentar e proteger o interesse de quem solicita a sua ajuda. O advogado, portanto, é, ao mesmo tempo, cientista e estrategista. Para desempenhar essas duas funções, é fundamental estudar.

Não se herda conhecimento. Não se adquire conhecimento ingerindo uma pílula milagrosa. O conhecimento se obtém pelo esforço. Ele se acumula dia a dia, por meio do estudo e da pesquisa. O seu resultado não se colhe rapidamente. Há tempo de semear e tempo de colher.

## Estudo da ciência jurídica

Algumas pessoas gostam de dizer que "Direito é bom senso". Trata-se de uma visão pequena e tosca do fenômeno. Para começar, qualquer

---

51  Platão. *A república*. São Paulo: Edipro, 2014, p. 209.

atividade, mesmo a mais elementar — como apertar uma campainha ou servir um copo d'água —, demanda bom senso. Sem razoabilidade e critério, não se pode sequer atravessar uma rua. Portanto, ao aplicar as regras jurídicas, deve-se valer de sensatez. Entretanto, Direito é mais, muito mais, do que o bom senso.

Em português, a palavra "Direito" possui mais de uma acepção. Ela pode ser substantivo ou adjetivo. Enquanto substantivo, ela significa tanto o ordenamento jurídico — princípios, regras, leis de diversas ordens — quanto o poder de alguém exigir alguma conduta de outrem por conta desse ordenamento jurídico.

Se alguém pergunta: "O que o Direito diz sobre o assassinato cometido por uma criança de 12 anos?", fala-se do ordenamento jurídico, ou seja, como o Direito reage àquela situação. Diferentemente, quando uma pessoa afirma: "Tenho Direito de defesa", refere-se a um poder. Na língua inglesa, por exemplo, não existe essa diferença pois há palavras distintas para designar os fenômenos. O ordenamento jurídico, na língua inglesa, é *"law"*, ao passo que o poder jurídico é *"right"*.

Embora as situações não se confundam, para que se possa reconhecer a existência do poder jurídico, revela-se fundamental conhecer o ordenamento legal.

O Direito oferece regras por meio das quais se ordena a sociedade — e a controla. Porém, o Direito também garante os meios de o cidadão se proteger de arbitrariedades. Ao tomar ciência do ordenamento jurídico, as pessoas podem invocar as regras que protegem seus legítimos interesses. Assim, o Direito é não apenas um instrumento de poder, mas também de resistência ao poder.[52]

O Direito é uma ciência, estudada há milênios, que se sofistica na exata medida em que a sociedade se desenvolve e demanda essa sofisticação. De forma fascinante, o Direito se encontra em constante mutação, pois busca sempre proteger os valores eleitos pela sociedade por ele regulada. Para compreender o Direito, portanto, deve-se não apenas

---

52   Pirie, Fernanda. *The Rule of Laws*. Nova York: Basic Books, 2021, p. 14.

estudar os conceitos da dogmática jurídica, mas, ainda, ficar atento ao movimento constante da sociedade.

A importância do Direito para a segurança social é absoluta. Basta imaginar o que seria de uma sociedade se não existisse regras. Bem observadas as coisas, sem Direito não haveria sociedade. Eis a razão de se estudar e conhecer essas regras.

Para que um advogado possa compreender e auxiliar seu cliente, é fundamental que ele esteja familiarizado com as leis, com a doutrina, com a jurisprudência, com os costumes e com as tendências. Caso contrário, deixará de indicar ao seu assistido a mais adequada orientação. O advogado atua como intérprete, analista e sobretudo como conselheiro em matéria jurídica, servindo de mediador indispensável entre a norma jurídica e os seus destinatários, na sociedade.

Imagine o cirurgião, momentos antes de iniciar uma cirurgia complexa. Ao seu lado, ele dispõe de um sem-fim de instrumentos: uma variada coleção de bisturis, tesouras, afastadores, lâminas e pinças. Cada um tem tamanhos e funções específicas, designados para um propósito. Ao levar adiante a operação, o médico cirurgião se vale de diversas dessas ferramentas, cada uma no momento pertinente. Um erro pode ser fatal. Se o cirurgião não dominar esses utensílios ou, ainda, se esses instrumentos estiverem defeituosos, como uma tesoura cega ou um bisturi sem fio, não cumprirá seu dever, ou o fará de modo defeituoso. Caso o médico desconheça esses instrumentos e suas finalidades, seu paciente não receberá o mais adequado serviço e, no limite, pode até morrer.

A atividade do advogado não é diferente. Se ele não dominar ou desconhecer alguma das ferramentas ao seu dispor, fatalmente prestará um serviço deficiente. Como se diz, "quem não sabe rezar, xinga o santo".

Quando alguém solicita seu serviço, o advogado precisa ter à sua disposição os mais variados recursos técnicos, sob pena de prejudicar quem reclamou o auxílio. A ferramenta do advogado é o conhecimento da ciência jurídica. Especificamente no que se refere à discussão jurídica, o advogado precisa ter conhecimento científico: dominar quais os temas de Direito envolvidos, a fim de promover o correto diagnóstico, e, a partir daí, identificar quais as possíveis soluções. Em outras palavras, reconhecer a patologia, a doença, para, em seguida, prescrever o tratamento, o remédio. Sem o saber dogmático, seu trabalho está fadado ao fracasso.

Há, por exemplo, um sem-fim de termos técnicos jurídicos, precisos para identificar cada fenômeno. Caso o profissional os desconheça ou os confunda, o dano ao seu assistido pode ser irremediável.

O domínio da dogmática permitirá, inclusive, o adequado desenvolvimento do raciocínio necessário à exposição das pretensões. Como, ademais, poderá um advogado se socorrer da opinião da doutrina, para embasar seu pleito, se a desconhece?

Naturalmente, ninguém domina todas as áreas do saber. O advogado deve ter a humildade de rever seus estudos e estar aberto a reaprender, revendo ou reforçando antigas certezas. Faz bem o profissional que informa ao seu cliente a necessidade de estudar o caso, antes de saltar com alguma conclusão apressada sobre o tema que lhe é exposto.

Eduardo Couture, como dissemos, foi um renomado advogado e jurista uruguaio. Entre suas obras, escreveu, em 1949, um pequeno e notável trabalho intitulado *Os mandamentos do advogado*. Nele, o mestre arrola dez regras, os tais "mandamentos", oferecendo, em seguida, uma explicação de como cada uma dessas regras se aplica. Eis a primeira prescrição:

> 1º Estuda
> O Direito se transforma constantemente. Se não o acompanhas, serás cada dia um pouco menos advogado.

Os dois "mandamentos" que se seguem complementam o primeiro:

> 2º Pensa
> O Direito se aprende estudando; porém se exerce pensando.
> 3º Trabalha
> A advocacia é uma fatigante e árdua atividade posta a serviço da justiça.

Ao se examinar um tema legal, o primeiro e mais importante passo é, como ressaltado, o diagnóstico. Ao ouvir o relato de quem pede seu auxílio, o advogado escuta os fatos, que chegam, na maior parte das vezes, pela versão de uma pessoa leiga em matéria jurídica e enviesada — quando não apaixonada.

Cabe ao advogado filtrar as informações recebidas e identificar os fenômenos jurídicos relacionados ao fato. Se promover uma apreciação equivocada, tudo estará perdido. Sem a análise correta, ele vai indicar um tratamento errado para a doença.

Tome-se, por exemplo, o advogado que, numa ação, apresente argumentos relacionados a locação, quando se discute uma hipótese de compra e venda, ou que cite uma norma já revogada. Põe-se tudo a perder.

Para evitar que isso ocorra, cabe ao advogado se assenhorear da ciência jurídica. Ler a doutrina, conhecer a jurisprudência, discutir os temas jurídicos relevantes. Estudar e estudar. Eis o único caminho para se tornar um bom advogado.

Não pode haver dúvida: o advogado que tiver maior domínio sobre o tema que lhe foi submetido oferecerá a melhor orientação. Caso haja algum debate, seguramente conseguirá defender seu ponto de modo mais sólido. De outro lado, o advogado que ignora a lei, a doutrina e a posição dos tribunais deixa de oferecer o melhor caminho ao seu cliente, leva adiante uma estratégia pobre e, claro, prejudica quem solicita seu amparo.

Vale ainda o registro de que o estudo jurídico se faz, em grande parte, por meio da reflexão. Os temas merecem meditação, a fim de que se possa compreender sua essência. O verdadeiro conhecimento se semeia com tempo e dedicação.

Engana-se quem crê que, na advocacia, a malícia supera a ciência — na verdade, apenas num sistema jurisdicional apodrecido e corrupto a esperteza triunfa sobre o conhecimento e a instrução.

Portanto, o estudo do Direito consiste num dos pilares da atividade do advogado. Ao fim, procura-se alguém para um serviço jurídico precisamente por conta de seu conhecimento da matéria.

Um profissional responsável se organiza de tal forma, que o estudo se incorpora à sua rotina. Torna-se um hábito. O estudo jurídico jamais termina, pois o ordenamento jurídico se movimenta constantemente. Haverá sempre uma nova lei, uma nova opinião, uma nova orientação dos tribunais, mais recente. Esse aprender constante, contudo, não é um recomeço, mas uma construção em cima daquilo que já se fez. Os estudos se sobrepõem e se reforçam uns aos outros.

Quando Sócrates diz "tudo o que sei é que nada sei", ele, na verdade, distingue a "ignorância simples" daquela "ignorância santa". Na ignorância pura, sequer se cogita do conhecimento disponível. Ele é desprezado. Sócrates não fala dessa, mas da "ignorância santa": aquela na qual se tem a dimensão da falta de conhecimento, porém uma humildade diante do tanto que se há a descobrir e aprender.

Como o Direito é uma ciência em constante transformação, o profissional desse ramo jamais pode contentar-se. Sempre haverá o que aprender e em que se aprofundar. Fundamental, portanto, é cultivar a resiliência. O Eclesiástico (11:21), nesse sentido, oferece um valioso conselho: "Aprende teu ofício e envelhece nele".

Mais especificamente, humildade, curiosidade e resiliência são qualidades essenciais a quem quer aprender. São, portanto, predicados que o advogado deve cultivar.

## Conhecimento da liturgia

Na faculdade de Direito, estuda-se o ordenamento jurídico: os princípios, as regras, a jurisprudência, a doutrina — parte técnica fundamental para quem quer compreender a dogmática e exercer a advocacia de forma responsável. Porém não se ensina a advogar na faculdade. Aprende-se a advogar a partir da experiência prática. Eis por que, nesse ofício, vale muito ter bons mestres, que apresentem ao advogado iniciante as boas práticas e a liturgia da profissão.

Apenas em contato com colegas mais antigos na profissão, o estudante e o advogado recém-formado podem compreender como atua um patrono.

A liturgia é fundamental: como o advogado deve portar-se diante do cliente? Como se comportar perante seu colega (por vezes, adversário em uma disputa)? Que postura se adota com o julgador? Há uma etiqueta, uma elegância, de que se toma conhecimento ao identificar a salutar conduta de outros profissionais.

Deve-se ter presente a tradição existente no comportamento do advogado. Em regra, respeita-se essa praxe — tomando-se cuidado com inovações, pois o mundo jurídico, pela sua necessidade de garantir segurança, é por natureza conservador.

Como diziam os antigos, *nemo nascitur artifex*, isto é, ninguém nasce dominando uma arte. Ter bons preceptores é fundamental, até mesmo porque os exemplos costumam ser os melhores professores. O experiente advogado Antônio Sérgio Altieri de Moraes Pitombo anota: "Nada como os diálogos do mestre com o aprendiz para se passar o legado do ofício."[53]

Na sua formação, o profissional de Direito não pode prescindir da experiência, que apenas se adquire com a prática, forjada nas dificuldades e enfrentamentos. Camões, no Canto X dos *Lusíadas*, adverte: "Tomai conselho só d'experimentados, / que viram largos anos, largos meses". Não raro, no velho causídico — e nas suas memórias de tantas causas — encontram-se mais ensinamentos sobre a advocacia do que nos manuais.

---

53 Pitombo, Antônio Sérgio Altieri de Moraes. *Em busca do justo perdido: cinco anos de escritos sobre advocacia e Direitos individuais*. São Paulo: Singular, 2021, p. 39.

# Estratégia

Tudo começa com a mais precisa compreensão do tema.

Certa vez, um advogado experiente me aconselhou: "Duvide sempre do cliente. Todo cliente mente um pouquinho. O problema é quando ele mente muito...". Ele tinha um ponto.

É natural que quem procura os serviços de um advogado conte os fatos a partir de sua perspectiva, oferecendo um viés. Na maior parte das vezes, quem expõe seu caso ao profissional de Direito não mente, na acepção vil de falsear a verdade. Comumente, quem procura os serviços de um advogado se encontra angustiado, ansioso com o problema que demanda o auxílio legal. Ao narrar os fatos, as pessoas os apresentam como os veem, na maior parte das vezes colocando-se na posição de vítima. Uma narrativa tendenciosa, ainda que isso seja feito de forma não intencional. Cabe ao advogado filtrar essas impurezas, para se assenhorear do fato. Sem preconceitos, o advogado, ao receber alguma informação do cliente, deve duvidar, de forma construtiva, de sua acuidade.

Francis Bacon, em *Da simulação e dissimulação*, de 1597, distinguia três graus de ocultação da verdade: o segredo, em que simplesmente se esconde o fato ou a verdade; a simulação em sentido negativo, quando alguém finge ser algo que não é verdadeiro; e, por fim, a simulação positiva, nos casos nos quais se busca dar a ideia de que algo não é verdadeiro, embora seja.

O advogado deve advertir quem o procura de que sua atuação ficará profundamente comprometida se desconhecer os fatos ou se os fatos lhe forem omitidos ou adulterados. A conversa do cliente com seu advogado tem natureza de confessionário. Se alguém esconde ou altera a verdade de seu patrono, ele trai a si próprio.

Depois de se assenhorear dos fatos e identificar os institutos jurídicos incidentes, o profissional tem os elementos básicos para traçar sua estratégia: como irá exibir seu caso.

Não ajuda que o patrono se apaixone imediatamente pela tese, sem não antes compreender a situação e identificar seus pontos fracos.

NAPOLEÃO BONAPARTE

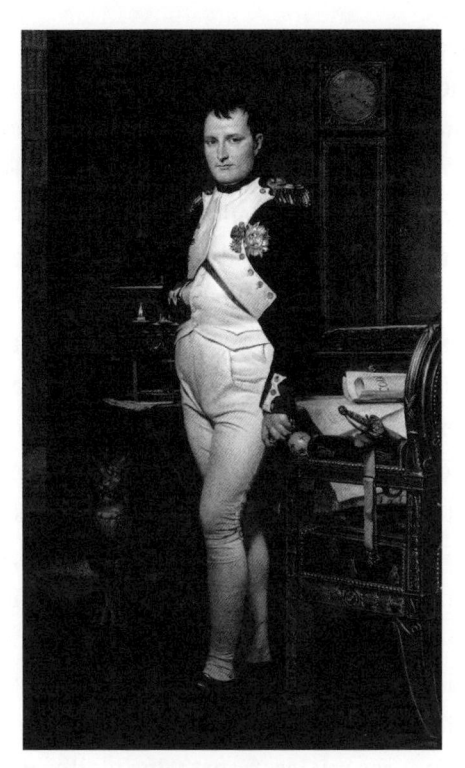

Napoleão Bonaparte, um dos maiores estrategistas de todos os tempos, registrou num pequeno trabalho acerca da arte da guerra:

> Toda guerra deve ser metódica, já que toda guerra deve ter uma finalidade e então ser conduzida dentro dos princípios e das regras da arte. A guerra deve ser calculada com forças proporcionais aos obstáculos previstos.[54]

O grande general corso ensinou que a força empregada numa disputa deve ser proporcional à dificuldade enfrentada, medida em função do fim almejado. Para isso, antes de ingressar numa contenda, o advogado deve compreender com nitidez quais são o seu propósito e as barreiras à sua frente.

---

54   Bonaparte, Napoleão. *A arte da guerra e da liderança*. Rio de Janeiro: Nova Fronteira, 2021, p. 13.

Comumente, diz-se que o advogado deve ser o primeiro juiz da causa. Isso porque, ao ser apresentado ao caso, o advogado, com seu conhecimento técnico, deve avaliar as chances de sucesso da pretensão de quem o consulta. Apenas munido de conhecimento jurídico, o advogado será capaz de promover um adequado e consistente juízo da questão.

De certa forma, o trabalho do advogado se assemelha ao de um oráculo, para quem as pessoas formulam perguntas sobre o amanhã. Quando uma pessoa expõe seu problema ao advogado, ela deseja que esse profissional lhe diga como, no futuro, sua causa será julgada ou como se soluciona sua questão. Os meios que o advogado tem para fazer seu vaticínio é seu conhecimento jurídico, sua experiência como patrono. Despido de erudição técnica, o advogado pode, quando muito, dar um palpite sobre o caso. Se, contudo, o profissional tem ciência, ele tem meios de fazer uma profecia mais segura — e cumprir sua função de oráculo com maior grau de precisão.

O Direito não é uma ciência exata, o que impede um prognóstico infalível. A experiência mostra que pode haver surpresas nos desfechos das causas, por inúmeras razões. A sorte dos pleitos por vezes se esconde no capricho do acaso. Exceções são exceções. Na prática, o bom e experiente advogado, exatamente porque domina a ciência jurídica, consegue oferecer uma estimativa razoável do possível resultado da maior parte dos casos de que se ocupa.

Há ciência no confronto. No curso da história, vimos muitas vezes generais, pela sua habilidade e engenho, vencerem batalhas apesar da inferioridade bélica. Alexandre, o Grande, ganhou fama derrotando Dario III e o gigantesco império aquemênida a partir de suas táticas de combate. Henrique V abateu os franceses em Agincourt, em 1415, mesmo com um exército cinco vezes menor, por conta de sua estratégia.

Na condução de um tema, exige-se do advogado o raciocínio de um enxadrista, que antecipa os movimentos do oponente e pensa sempre o reflexo de suas jogavas no futuro.

Em *A arte da guerra*, de Sun Tzu, trabalho clássico sobre estratégia militar, escrito há aproximadamente 25 séculos, registra-se:

Há três maneiras pelas quais um governante pode trazer infortúnio ao seu exército: mandando-o avançar ou recuar, ignorando o fato de que ele não pode obedecer; tentar comandá-lo da mesma forma como administra um reino, ignorando as condições que formam um exército; empregar os oficiais de seu exército sem a devida discriminação, ignorando o princípio militar de adaptação às circunstâncias.[55]

Não se sabe com certeza se Aristóteles nasceu em 385 ou 384 a.C. Essa falta de precisão, levando-se em conta os muitos séculos que nos separam dessa data, parece natural. Contudo, impressiona a quantidade de informação que possuímos de um homem que viveu há tanto tempo. Isso se justifica pela genialidade de sua obra.

ARISTÓTELES

---

55   Tzu, Sun. *A arte da guerra*. 15ª ed. Rio de Janeiro: Record, 1994, p. 26.

Natural de Estagira, cidade no norte da Grécia, Aristóteles era filho de Nicômacos, um médico — não um médico qualquer, mas o responsável pela saúde do rei da Macedônia, Amintas II, avô de Alexandre, o Grande. Aristóteles ficou órfão aos 7 anos. Passou a ser cuidado pelo tio e começou a estudar medicina, seguindo a tradição familiar. Na adolescência, mudou-se para Atenas, onde frequentou a Academia, escola na qual Platão lecionava. Tornou-se discípulo do mestre. Mais tarde em sua vida, voltou para a Macedônia, para assumir o cargo de preceptor do príncipe Alexandre. Manteve essa condição até quando, a partir da morte do pai de Alexandre, este assumiu o reino macedônio. Em seguida, Aristóteles retorna a Atenas e abre sua própria escola, o Liceu, num bosque nas cercanias daquela cidade. As aulas se davam com alunos e professores conversando, enquanto caminhavam, razão pela qual a chamavam a escola de peripatética. Com a morte de Alexandre, Aristóteles perde o apoio político à sua escola. E exilou-se, deixando Atenas. O Liceu, contudo, permaneceu aberto. Viúvo, casou-se pela segunda vez com uma mulher mais jovem, com quem teve um filho, Nicômacos, o mesmo nome de seu pai. Aristóteles morre em 321, aos 63 anos. Deixou um legado extraordinário.

Seu trabalho dedicado ao estudo da retórica — e, por isso mesmo, denominado *Retórica* —, elaborado na fase final de sua vida, começa por dizer que há uma arte em se expressar para convencer. Para garantir a boa persuasão, deve-se promover, segundo Aristóteles, a identificação — tanto racional quanto emotiva — entre quem oferece o discurso e o seu destinatário.

Em suma, além de tratar da importância da manifestação direta e da pureza da linguagem, haveria, para o filósofo, três pilares da persuasão: o primeiro se relaciona à empatia do orador, sua credibilidade, o respeito que ele evoca — o *Éthos*. Afinal, importante saber se o orador é "digno de crédito". Em segundo, o discurso deve sensibilizar e seduzir o ouvinte, ou seja, a mensagem deve afetar a emoção, que seria o *Pathos*.

Por fim, faz-se necessário haver lógica na argumentação — o *Logos* —, pois, evidentemente, o discurso deve fazer sentido.[56]

O advogado deve zelar pelo seu nome, sua reputação. Quando subir na tribuna, os julgadores e seu oponente devem nele reconhecer um profissional honrado e competente. Ao proferir uma opinião, em qualquer foro, sua boa fama o precederá. Essa reputação se constrói lentamente com a soma de condutas dignas, coerentes com a educação e a excelência da postura. Estabelecido o bom nome, garante-se a credibilidade.

Ao apresentar sua causa, o advogado atento sabe que os julgadores são humanos e, logo, suscetíveis às seduções do sentimento. Por conta de sua condição humana, as humanidades não lhes podem ser estranhas — e equivoca-se o advogado que trata os juízes como máquinas.

Embora os temas em discussão pelo advogado envolvam, em grande parte das vezes, matéria técnica, os julgadores, por conta da sua essência, são seres emocionais, suscetíveis a sentimentos das mais diversas espécies. Sentem aversão, pena, raiva, piedade... Também com base nesses sentimentos, mesmo que de forma inconsciente, as decisões são tomadas.

As defesas de Brutus e Marco Antônio, em *Júlio César*, de William Shakespeare, são das mais conhecidas passagens da dramaturgia ocidental. Eis a situação narrada na peça: senadores decidem assassinar o general César por temer que ele tome o poder e se transforme num ditador. Concordam em assassiná-lo, por virem nele o "ovo da serpente" (a expressão é shakespeariana). Havia, contudo, um grande problema para o sucesso do plano: o povo adorava César. Após consumado o crime, cabe a Brutus, o inocente útil da conspiração, explicar às pessoas, os cidadãos de Roma, os motivos do assassinato. Isso se dá no funeral de César. A explicação oferecida é lógica e fica bem na boca de Brutus, considerado um homem honrado, cujo afeto por César era notório. Brutus esclarece o racional da conduta: os senadores mataram César porque queriam proteger a liberdade dos romanos do risco de uma ditadu-

---

56 Aristóteles. *Retórica*. São Paulo: Edipro, 2011, p. 45; e *Aristotle's Poetic & Rhetoric*, London, J. M. Dent & Sons Ltd., 1953.

ra, pois César se tornaria o déspota. Brutus diz ao povo que ele amava César — o que todos sabem corresponder à verdade —, mas, em seguida, afirma que amava ainda mais a liberdade, o que explicava o assassinato. Brutus, na sua fala, deixa claro que o assassinato foi, para ele, um sacrifício feito em nome da defesa de um bem maior. Um argumento lógico, muito bem exposto. Ao ouvir Brutus, o povo se convence e se acalma. Em seguida, é a vez de Marco Antônio, também considerado uma pessoa correta. Marco Antônio, por sua vez, não participou da conspiração. Ao contrário, ele desconhecia o plano e certamente não concordaria com o ato brutal. Com a tomada de poder pelos senadores, Marco Antônio, para falar no funeral, se compromete a não louvar o falecido.

O discurso de Marco Antônio serve como aula de retórica. Isso por mais de uma razão. Em primeiro lugar, ele diz exatamente aquilo que estava proibido de dizer — pois, com habilidade, louva César, embora tivesse garantido que não o faria. Além disso, a exposição se diferencia fundamentalmente daquela proferida por Brutus, na medida em que adota um apelo emocional. Marco Antônio, ao contrário da linha racional da fala de Brutus, evoca sentimentos. Marco Antônio busca precisamente despertar no povo romano o sentimento. No duelo entre a razão e a emoção, o povo fica com a emoção.

Eis a famosa fala:

> Marco Antônio: Amigos, romanos, compatriotas, prestai-me atenção! Estou aqui para sepultar César, não para glorificá-lo. O mal que fazem os homens perdura depois deles! Frequentemente, o bem que fizeram é sepultado com os próprios ossos! Que assim seja com César! O nobre Brutus vos disse que César era ambicioso. Se assim foi, era uma grave falta e César a pagou gravemente. Aqui, com a permissão de Brutus e dos demais (pois Brutus é um homem honrado, como todos os demais são homens honrados), venho falar nos funerais de César. Era meu amigo, leal e justo comigo; mas Brutus diz que era ambicioso; e Brutus é um homem honrado. Trouxe muitos cativos para Roma, cujos resgates encheram os cofres do Estado. César, neste particular, parecia ambicioso? Quando os pobres

deixavam ouvir suas vozes lastimosas, César derramava lágrimas. A ambição deveria ter um coração mais duro! Entretanto, Brutus disse que ele era ambicioso e Brutus é um homem honrado. Todos vós o vistes nas lupercais:[57] três vezes eu lhe apresentei uma coroa real e, três vezes, ele a recusou. Isto era ambição? Entretanto, Brutus disse que ele era ambicioso, e, sem dúvida alguma, Brutus é um homem honrado. Não falo para desaprovar o que Brutus disse, mas aqui estou para falar sobre aquilo que conheço! Todos vós já o amastes, não sem motivo. Que razão, então, vos detém agora, para pranteá-lo? Oh! Inteligência, fugiste para os irracionais, pois os homens perderam o juízo!... Desculpai-me! Meu coração está ali com César, e preciso esperar até que ele para mim volte![58]

Depois dessas palavras, o povo, sensibilizado, se volta contra os conspiradores. A eloquência de Marco Antônio convence e apaixona. César precisa ser vingado! A plateia está em transe. O objetivo do orador foi alcançado.

Jamais se subestime o poder de um argumento emocional. Como ensina Tercio Sampaio Ferraz Jr., possivelmente a maior parte dos dis-

---

[57] As lupercais eram festas nas quais se celebravam os fundadores de Roma, os míticos gêmeos Rômulo e Remo.

[58] No original: "*Antony: Friends, Romans, countrymen, lend me your ears;/ I come to bury Caesar, not to praise him./ The evil that men do lives after them;/ The good is oft interred with their bones;/ So let it be with Caesar. The noble Brutus/ Hath told you Caesar was ambitious:/ If it were so, it was a grievous fault,/ And grievously hath Caesar answer'd it./ Here, under leave of Brutus and the rest— / For Brutus is an honourable man;/ So are they all, all honourable men —/ Come I to speak in Caesar's funeral./ He was my friend, faithful and just to me:/ But Brutus says he was ambitious;/ And Brutus is an honourable man./ He hath brought many captives home to Rome/ Whose ransoms did the general coffers fill:/ Did this in Caesar seem ambitious?/ When that the poor have cried, Caesar hath wept:/ Ambition should be made of sterner stuff:/ Yet Brutus says he was ambitious;/ And Brutus is an honourable man./ You all did see that on the Lupercal/ I thrice presented him a kingly crown,/ Which he did thrice refuse: was this ambition?/ Yet Brutus says he was ambitious;/ And, sure, he is an honourable man./ I speak not to disprove what Brutus spoke,/ But here I am to speak what I do know./ You all did love him once, not without cause:/ What cause withholds you then, to mourn for him?/ O judgment! thou art fled to brutish beasts,/ And men have lost their reason. Bear with me;/ My heart is in the coffin there with Caesar, And I must pause till it come back to me.*" (Ato III, Cena 2, a partir da tradução de Bárbara Heliodora. Shakespeare, William. *Julio César*. Rio de Janeiro: Nova Aguilar, 2006).

cursos humanos não é racional. Segue o filósofo explicando que "a racionalidade é apenas uma forma possível, entre outras, de enfrentar a situação comunicativa".[59]

Evidentemente, embora alerta ao fator emocional, a manifestação do advogado não pode abandonar por completo o sentido racional. De modo específico, o pleito precisa obedecer a um encadeamento lógico de exposição e ter conteúdo jurídico, isto é, a pretensão precisa se embasar em fundamentos técnicos consistentes. Assim, faz-se necessário, já se alertou, que o advogado domine a ciência jurídica.

Habermas registrou que "o conhecimento resulta de três processos simultâneos, que se corrigem entre si: a atitude de resolver problemas diante dos riscos impostos por um ambiente complexo, a justificação das alegações de validade diante de argumentos opostos e um aprendizado cumulativo que depende do reexame dos próprios erros".[60]

**HABERMAS**

---

59  Nobre, Marcos; Rego, José Márcio (org.). *Conversas com filósofos brasileiros*. São Paulo: Editora 34, 2000, p. 284.
60  Habermas, Jürgen. *A ética da discussão e a questão da verdade*. São Paulo: Martins Fontes, 2018, p. 57.

Sun Tzu foi um filósofo e, ao longo de sua vida, um general chinês. Viveu no século VI a.C. e ganhou fama por ser autor de um estudo, antes referido, chamado *A arte da guerra*, no qual, em treze capítulos, apresenta estratégias militares. Logo no primeiro capítulo, o filósofo esclarece que, em regra, ganha a batalha o general que faz mais cálculos, isto é, aquele que melhor se prepara e antecipa os movimentos. Para o chinês, a primeira providência de quem entra numa guerra é conhecer suas próprias forças e limitações, assim como identificar as qualidades de seu adversário. Essa lição, que parece óbvia, foi repetida, por Platão, que, citando Sócrates, diz que "se a investigação pressupõe ignorância, a deliberação pressupõe saber".

Quando se fala em conhecer o tema em debate, alerta-se que o advogado deve se preocupar em não se apaixonar demasiadamente pelo que defende. A emoção descontrolada, como se sabe, turva a visão. Com elegância, Padre Antônio Vieira, num de seus sermões, adverte:

> Quatro ignorâncias podem concorrer em um amante, que diminuam muito a perfeição e merecimento de seu amor. Ou porque não se conhecesse a si: ou porque não conhecesse a quem amava: ou porque não conhecesse o amor: ou porque não conhecesse o fim onde há de parar, amando.[61]

René Descartes, em seu *Discurso do método*, de 1637, indicou um caminho de pesquisa, depois denominado "ignorância metodológica", para iniciar o raciocínio a partir dos questionamentos para então chegar à certeza. A advocacia demanda reflexão e curiosidade.

Também faz parte da estratégia do advogado olhar para a solução do problema com criatividade. "Pensar fora da caixa", como se diz. George Bernard Shaw bem sintetizou: "O homem racional se adapta ao mundo; o irracional insiste em adaptar o mundo a si mesmo." Shaw, dono de uma cortante ironia, segue seu raciocínio: "Logo, todo progres-

---

61  Vieira, Padre Antônio. *Sermão do bom ladrão e outros sermões escolhidos*. São Paulo: Landy, 2000, p. 21.

so depende do homem irracional." A melhor forma de defender uma tese pode valer-se de inovações — e com isso, inclusive, capturar a atenção do julgador.

Frineia era uma hetaira. Denominava-se "hetaira" ou "hetera", na Grécia clássica, a mulher que ganhava a vida entretendo os homens. Não fazia exatamente o trabalho de uma prostituta, tal como definimos hoje; uma hetaira contava histórias, fazia massagens, conversava (oferecendo bons conselhos) e, eventualmente, fazia sexo. Por conta disso, uma hetaira não se casava e mantinha sua independência, inclusive financeira, pois cobrava pelos seus serviços.

Frineia vivia cercada de homens importantes. Tamanho era o seu prestígio, que se dava o direito de recusar clientes. Com uma beleza lendária, supõe-se que ela foi modelo do escultor Praxíteles para a primeira estátua de mulher nua da antiguidade, a *Afrodite de Cnido*.

Acusada de servir de mau exemplo para a juventude ateniense, Frineia foi levada a julgamento. Conta-se que seu advogado rasgou o vestido de sua cliente na frente dos jurados, deixando-a desnuda. Os julgadores, maravilhados com a beleza da mulher, decidiram por inocentá-la prontamente. Uma mulher tão linda não poderia ser culpada de nada. Uma estratégia ousada, mas que funcionou.

Ainda tratando da estratégia, vale ter presente: mesmo que a disputa seja inevitável, o advogado não deve acirrar a contenda com a sua atuação. Infelizmente, muitas vezes se vê um litígio cuja temperatura sobe vertiginosamente a partir das acusações feitas de lado a lado. As agressões, no curso de uma demanda, servem apenas para dificultar, ou mesmo impedir, que haja alguma composição. Além de instigar brigas — e tirar as partes de um estado racional —, os julgadores experientes desaprovam as violências e costumam identificá-las como sinal da falta de razão. Em suma, ataques coléricos podem impressionar, mas não costumam ser uma tática exitosa.

Numa passagem de *O Mahabharata*, o épico indiano, o guerreiro Yudhishthira, também conhecido como Dharmaraja, um dos heróis da longa história, é testado por uma divindade — uma voz invisível —, que o provoca a responder a algumas perguntas. A voz misteriosa quer saber: "Qual o bem mais valioso?" O herói é preciso: "O conhecimento". A divindade questiona: "Que inimigo jamais é vencido?". "A ira", responde o guerreiro.[62] Depois dessas e a de outras indagações, a divindade, satisfeita com as respostas oferecidas, se revela: era o grande deus Dharma, que testava os méritos do herói. Há boas lições colhidas dessa passagem mitológica: Um advogado, tal como o guerreiro indiano, deve evitar a ira e buscar sempre o conhecimento como guia.

O diretor de cinema Stanley Kubrick disse que fazer um filme é como escrever *Guerra e paz*, o romance gigantesco de Tolstói, num carrinho bate-bate de um parque de diversões. Imediatamente, pensei que essa analogia servia bem para explicar como era conduzir um caso jurídico complexo. Embora partindo de uma estratégia, a regra é encontrar percalços, soluços, indigestões e surpresas — muitas pedras pelo caminho. O advogado precisa adaptar-se às situações, reagir às mudanças de curso, sem, contudo, perder de vista o destino final.

## O caminho da paz

Dentro das inúmeras atividades desempenhadas pelo advogado, uma das mais nobres e antigas é a defesa de seus clientes em litígios, na chamada advocacia contenciosa, a advocacia da disputa.

Esse importante ramo da advocacia também, por óbvio, sente as transformações sociais. Em relação ao papel do advogado contencioso no século XXI, vale atentar aos seguintes temas: o foco na solução do problema (não em ganhar uma causa), a ética (que passa pela formação cultural), a educação, a objetividade, a visão holística do problema a ele submetido e o apuro técnico.

Entre as nossas "paradoxalidades", avulta a incapacidade de viver em constante harmonia, embora esse seja o legítimo desejo das pessoas

---

62  *O Mahabharata*. 2ª ed. São Paulo: Cultrix, 2014, p. 190.

mentalmente saudáveis. Pelas mais diversas razões, mais ou menos nobres, justas ou não, emocionais ou racionais, entramos em conflito com os nossos semelhantes. Na maior parte das vezes, conseguimos resolver pacificamente as diferenças, cedendo ou demonstrando a correção de nossas posições. Em outras situações, contudo, a divergência permanece.

Quando criança, ouvia a lição: "Quando um não quer, dois não brigam." Logo no início da minha vida profissional, percebi que esse ditado, embora educativo, não espelhava fielmente a realidade. Não raro, via pessoas tragadas para um litígio, embora tivessem adotado todos os cuidados e medidas para dele escapar — inclusive cedendo, em que pese acreditarem em suas posições. Na minha experiência, o correto seria dizer: "Quando um quer, dois brigam."

A pergunta adequada, para mim, passou a ser: "Por que brigar?"

Procura-se um advogado quando alguém entra em conflito. O profissional é chamado para ajudar a pessoa envolvida em um litígio. A sua primeira pergunta, ao entrevistar quem o procura, deve ser: "Por que brigar?"

Assim, o papel do advogado consiste, de início, em compreender os motivos da lide: econômicos, emocionais, psicológicos, históricos. Muitas vezes, a cizânia se instaura por motivos tolos, fúteis, mesquinhos, "demasiadamente humanos", o que torna a briga frívola e emulativa.

A experiência mostra que a disputa contenciosa, judicial ou arbitral, não costuma ser o melhor meio de pôr fim a uma divergência. Não raro, a luta serve de pasto para mais conflito. Atuando como conselheiro, o papel do advogado consiste em proteger quem o consulta, indicando a melhor forma de solucionar o problema que aflige o consulente. Por vezes, esse caminho não passa pela instauração de um processo.

Dito de outra forma, o advogado não deve necessariamente "brigar" pelo seu cliente — como um *pitbull* raivoso —, mas ajudá-lo a resolver o problema. Eventualmente, essa solução passa por lutar ferozmente. Outras vezes, contudo, o advogado deve falar manso, buscando a conciliação. Em suma, o advogado — como um coringa, doce ou salgado — fará aquilo que melhor auxilie a quem pede sua ajuda.

"Para um homem com um martelo, tudo se parece com um prego", disse Mark Twain. Em outras palavras, se o martelo for a única ferramenta disponível, apenas se poderá resolver os temas com pancadas... O advogado prestará um desserviço se, sem maior reflexão, empurrar seu cliente para um processo de litígio, apenas por cacoete, antes de avaliar todas as motivações e cenários. Não é incomum o cliente procurar, tomado pela raiva, um advogado para logo ajuizar uma ação, com medidas enérgicas e, no futuro — dissipada a ira —, arrepender-se do arroubo. Sabe-se que a emoção não é uma conselheira confiável, cabendo ao advogado servir de esteio.

Assim, o advogado, antes de entrar no ringue, deve assumir o papel de conselheiro de seu cliente, com foco em resolver o problema, não em ganhar a causa. Até mesmo porque, por vezes "ganhar a causa", na perspectiva e no contexto, representam enormes perdas de tempo, energia, dinheiro e oportunidade.

Eis outra importante lição: o advogado, embora sensível à angústia do cliente, deve sempre manter a serenidade. Sêneca identificou: "A ira é agitada e impetuosa, enfurecida por um desejo desumano de dor, de armas, de sangue, de suplícios; contanto que seja prejudicial aos outros, esquece de si mesma; se lançando contra a própria lança, ela é ávida por uma vingança, que arrasta consigo o vingador."[63] O patrono irado torna-se um risco para seu assistido. No trabalho do filósofo estoico Sêneca, *Como manter a calma*, registra-se que, entre os vários meios de conter a ira, tornar a agressão em piada ou brincadeira tem enorme proveito. Diante de um ataque vil, mais vale, na maior parte dos casos, ignorar, ridicularizar ou mesmo perdoar. O filósofo ensina: "Não importa de que modo a ofensa foi lançada, e sim de que modo foi recebida."[64]

Sabe-se que Margareth Thatcher, a ex-primeira-ministra britânica, alcunhada de "Dama de Ferro" por sua postura firme, teve aulas de elocução, com o propósito de baixar o tom de sua voz, a fim de manifes-

---

[63] Sêneca. *Como manter a calma*. Rio de Janeiro: Nova Fronteira, 2020, p. 25.
[64] Ibidem, p. 69.

tar de forma mais suave.[65] A sábia política entendeu bem a importância de domar a verve.

O Brasil sofre com a cultura do litígio. Somos, infelizmente, recordistas mundiais em números de ações judiciais. Em grande parte, a culpa é dos advogados que instruem seus clientes a levar suas demandas aos tribunais, muitas vezes sem esgotar a negociação visando a um entendimento.

Pode haver uma aparência de que o litígio serve como solução do problema ou, ao menos, um primeiro passo para resolver o impasse. Uma aparência falsa, na maior parte dos casos.

Idealmente, ao receber uma consulta, o advogado deve buscar, em primeiro lugar, a composição amigável, advertindo seu cliente dos malefícios e riscos da contenda aberta. Não há litígio sem algum risco, até mesmo porque o confronto já é, por si só, uma forma de perda. Como explicou Rousseau, no seu clássico *Do contrato social*, "quem deseja o fim deseja também os meios, e os meios são inseparáveis de alguns riscos, e mesmo de algumas perdas".[66] O cliente deve ser informado sobre os reveses a que está sujeito, ainda que o dano seja eventual.

Há muito, escutei a seguinte metáfora: não se pode brigar com um boneco de piche sem sujar as mãos. Uma boa imagem. Antes de dar início a uma batalha aberta contra um "boneco de piche", há que se considerar a sujeira...

A opinião do advogado nesse momento inicial da primeira consulta é crucial. Isso porque o cliente se encontra fragilizado com a ameaça que se afigura ou o ataque que sofre, razão pela qual procurou os serviços jurídicos. Erra o profissional que insufla o consulente a se lançar na lide, assim como também se equivoca quem despreza sua angústia.

Como mostra a experiência, conhecemos verdadeiramente as pessoas nos momentos de tensão. O caráter e a fibra são testados diante do

---

65   Burke, Peter. *A arte da conversação*. São Paulo: Editora da Universidade Estadual Paulista, 1995, p. 20.

66   Rousseau, Jean-Jacques. *Do contrato social*. São Paulo: Martin Claret, 2013, p. 43.

estresse do conflito. O romano Sêneca, um dos mais celebrados advogados da antiguidade, registrou que, caso uma pessoa passe a vida sem adversário, jamais se saberá do que ela é capaz. Pois o advogado deve proteger quem o consulta inclusive dos desvios advindos dessas angústias.

Sun Tzu, no mencionado *A arte da guerra*, anota: "Não há, na história, notícia de um país que se tenha beneficiado com uma guerra prolongada."[67] O filósofo e general ressalta que "lutar e vencer em todas as batalhas não é uma glória suprema; a glória suprema consiste em quebrar a resistência do inimigo sem lutar".[68]

CARL VON CLAUSEWITZ

---

67   Tzu, Sun. *A arte da guerra*, 15ª ed. Rio de Janeiro: Record, 1994, p. 22.
68   Ibidem, p. 25.

"A guerra é o reino da incerteza",[69] registrou o militar prussiano Carl von Clausewitz, reconhecido como magistral estrategista. Como Clausewitz apontou, "a guerra é a continuação da política por outros meios".[70] Assim, o litígio aberto é apenas um dos meios dos quais dispõe o advogado para solucionar o caso de seu cliente. Erra quem desconsidera os demais caminhos para solução do impasse.

"Não podemos escolher nossas circunstâncias externas, mas podemos sempre escolher como reagir a elas." Assim ensinou Epiteto, filósofo estoico que viveu no primeiro século da era cristã. De fato, os homens se distinguem menos pelas dificuldades que se lhe apresentam e mais pela forma como a elas reagem.

Embora a briga seja, muitas vezes, a solução aparentemente mais simples, ela quase sempre não se revela a melhor. No sermão da montanha, narrado no Evangelho de Mateus, Jesus enaltece os pacificadores e, adiante, exalta as pessoas a promover a rápida conciliação.

Não se trava uma guerra não sem antes analisar suas consequências. No monumental épico indiano *O Mahabharata*, escrito há milênios, há um episódio que retrata essa necessidade de reflexão antes de se engajar numa disputa. Na véspera da batalha central do épico, o guerreiro Arjuna expõe ao deus Krishna seu receio acerca das consequências do confronto, que resultará em inúmeras mortes. É fundamental analisar as consequências dos conflitos abertos.

Em 19 de novembro de 1977, um sábado, o avião de Anwar al-Sadat, líder do Egito, pousava em Israel. O avião aterrizara pouco depois de escurecer, para respeitar o Shabat, o dia do descanso dos judeus. A visita de Sadat era um fato surpreendente, tendo em vista o pulsante e acirrado conflito entre Israel e os demais países árabes vizinhos.

Sadat aceitara um convite do então recém-empossado primeiro-ministro israelense Menachem Begin. Era preciso conversar.

---

69   Carl von Clausewitz. *Da guerra*. São Paulo: Martins Fontes, 1979, p. 123.
70   Ibidem, p. 87.

Na manhã de domingo, Sadat foi orar na mesquita al-Aqsa. Depois, visitou o Santo Sepulcro e o Memorial do Holocausto. Em seguida, dirigiu-se ao parlamento de Israel, o Knesset, onde proferiu um discurso em árabe. Nele, conclamava todos a "estender as mãos com fé e sinceridade", a fim de "destruir barreiras". Sua fala terminava assim:

> A franqueza me obriga a lhes contar o seguinte:
> Primeiro, não vim aqui para fazer um acordo separado entre Egito e Israel [...] na ausência de uma solução justa do problema palestino, nunca haverá essa paz durável e justa na qual o mundo todo insiste. Segundo, não vim até vocês para buscar uma paz parcial, a saber, encerrar o estado de beligerância nesse estágio e postergar o problema todo para um estágio subsequente [...]. Do mesmo modo, não vim até vocês para um terceiro acordo de desmobilização no Sinai ou em Golã ou na Cisjordânia. Pois isso significaria que estamos meramente adiando o acender do pavio.
> Vim até vocês para que juntos possamos construir uma paz durável baseada na justiça, de modo a evitar o derramamento de uma única gota de sangue de ambos os lados. É por esse motivo que proclamei minha disposição em ir até os rincões mais remotos da Terra.

Em um trecho da resposta, o líder israelense Begin, apesar das dificuldades históricas e emocionais do tema, respondeu ao egípcio:

> O presidente Sadat sabe, e soube por nós antes de vir a Jerusalém, que nossa posição sobre as fronteiras permanentes entre nós e nossos vizinhos diferem da sua. Entretanto, conclamo o presidente do Egito e todos nossos vizinhos a não descartarem as negociações sobre qualquer tema que seja. Proponho, em nome da esmagadora maioria do parlamento, que tudo seja negociável [...]. Tudo é negociável. Nenhum lado deve dizer o contrário. Nenhum lado deve apresentar prerrequisitos. Conduziremos as negociações com respeito.

Henry Kissinger narra esse encontro, anotando que Sadat registrara que a paz é uma forma de reescrever a história: "A paz é uma luta gigante contra toda a ambição e capricho."[71]

Havia uma forte reação interna dos dois lados contra uma paz negociada.

Em 1978, em Camp David, nos Estados Unidos, com o presidente Jimmy Carter como anfitrião, o israelense Begin e o egípcio Sadat firmaram um acordo de paz. Pelo feito, esses líderes receberam, em conjunto, o prêmio Nobel da Paz.

Na cerimônia de agradecimento, Sadat pontuou:

> A paz é uma construção dinâmica para a qual todos deveriam contribuir, cada um acrescentando um novo tijolo. Ela vai muito além de um acordo ou tratado formal, transcende uma palavra aqui ou ali. É por isso que exige políticos dotados de visão e imaginação e que, para além do presente, dirijam seu olhar ao futuro.

Os gregos tinham Homero, com a *Ilíada* e a *Odisseia*, como o maior repertório de sabedoria. Essas duas obras ofereceram bases éticas para o povo. Um esteio moral. Roma conquistou militarmente os gregos, porém foi conquistada culturalmente. Os romanos se maravilharam com a civilização helênica e passaram a celebrar a cultura grega como padrão. No século I a.C., o imperador Augusto encomendou ao poeta Virgílio que produzisse um poema épico seguindo os moldes de Homero, com o fim de contar a mítica fundação de Roma. Havia um propósito político de colocar a história dos romanos como um desígnio divino, com a cidade destinada a vencer e dominar.

O talentoso Virgílio, então, elabora a *Eneida*, um longo poema, no qual narra a história de Eneias, um troiano, que escapa da derrocada de sua cidade, na famosa guerra com os gregos, para, guiado por Vênus,

---

71 Kissinger, Henry. *Liderança: seis estudos sobre estratégia*. Rio de Janeiro: Objetiva, 2023, p. 294 e seguintes.

sua mãe divina, chegar até a região do Lácio, onde, finalmente, funda a Cidade Eterna.

Eneias escapa de Troia carregando seu pai, Anquises, nas costas e segurando seu filho, Ascânio, pelas mãos. Nos primeiros livros do poema, Virgílio conta o caminho percorrido por Eneias até a península itálica, enfrentando todo tipo de desventuras, com destaque para o seu entrevero amoroso com Dido, a rainha de Cartago, e sua ida ao inferno. Nos últimos capítulos, Eneias combate os povos que habitavam a região onde nascerá Roma.

A *Eneida* se tornou a grande referência ética para os romanos. Mais tarde, Dante, na sua *Divina comédia*, elege Virgílio como seu guia pelo inferno. Camões, por sua vez, adota a *Eneida* como padrão para fazer *Os Lusíadas*, no qual trata dos feitos ultramarinos dos portugueses.

O herói Eneias se distingue pelo seu profundo senso de responsabilidade. Na sua trajetória, Eneias, por diversas vezes, sente o impulso de se desviar de seu caminho. Contudo, ele resiste. Ele se apaixona por Dido, rainha de Cartago, mas os deuses o informam que seu destino é outro: deve abandonar seu amor e seguir sua jornada, para ser o fundador de uma grande nação. Eneias cumpre seus deveres, deixando a mulher que amava. Ele carrega seu pai nas costas, numa belíssima imagem de compromisso com suas obrigações.

Como herói, Eneias se distingue de Aquiles e Heitor, porque sobrevive. Estes, valentes e fortes, tombaram cedo. Eneias é resiliente, cumpridor de seus deveres, um obstinado em levar sua missão a cabo.

No Livro XI da *Eneida*, narra-se um momento da guerra entre, de um lado, os troianos, desembarcados no Lácio e liderados por Eneias, e, de outro, os latinos, o povo nativo, habitantes do local. Na cidade latina de Laurento, mulheres e órfãos lamentam o conflito:

> Míseras mães, desoladas esposas, irmãs sem consolo,
> órfãos pequenos, privados do amparo mui cedo da vida,
> amaldiçoavam a guerra lutuosa.[72]

---

72   Virgílio. *Eneida*. 3ª ed. São Paulo: Editora 34, 2021, p. 741.

Aceitam escutar o experiente Diomedes, ancião que lutara, ao lado dos gregos, na Guerra de Troia. Diomedes, com "semblante aprazível", depois de narrar os infortúnios dos heróis que se enfrentaram em Troia — ele próprio não conseguira retornar para sua casa —, enaltece "as delícias da paz" e adverte da guerra "ignota e de más consequências" que os latinos enfrentam. Ao fim, o velho e calejado guerreiro aconselha: "Fazei logo as pazes. Custe o que for, pois de jeito nenhum cruzaremos as armas."[73]

A experiência de quem já foi para a guerra e viu suas nefastas consequências fala pela paz, pela conciliação.

Assim também o advogado vivido sabe que o litígio é somente um recurso, raramente a solução.

Em suma, o bom advogado, consciente de sua missão, deve ter sempre presentes as palavras da conhecida oração de São Francisco de Assis:

> Senhor, fazei-me instrumento de vossa paz
> Onde houver ódio, que eu leve o amor
> Onde houver ofensa, que eu leve o perdão
> Onde houver discórdia, que eu leve a união
> Onde houver dúvida, que eu leve a fé
> Onde houver erro, que eu leve a verdade
> Onde houver desespero, que eu leve a esperança
> Onde houver tristeza, que eu leve a alegria
> Onde houver trevas, que eu leve a luz.

---

[73] No original: "*Coeant in foedera dextrae, qua datur; ast armis concurrant arma cauete.*" Ibidem, p. 746.

# III
# Ética

"Onde está o conhecimento que perdemos na informação?"
T. S. Eliot

A vida dos seres humanos se orienta pelas suas escolhas. Fazemos um sem-fim de opções todos os dias, de maior ou menor repercussão. O que determina nossas escolhas? Certamente, o primeiro estímulo são nossos fins: optamos por adotar um comportamento para atingir objetivos. Contudo, há limites, de diversas naturezas, para que alcancemos nossos objetivos: inclusive restrições físicas — ninguém, por exemplo, conseguirá voar sem a ajuda de algum aparelho. De todas, a mais importante fronteira, que separa nosso desejo livre da nossa conduta, é traçada pela ética. Por esse conjunto de regras valorativas e morais, identificamos o comportamento saudável, bom, correto e justo. A ética nos indica que determinadas condutas são nocivas e que devem ser evitadas, embora elas possam nos levar a atingir os objetivos que desejamos.

O advogado não toma apenas decisões na sua vida particular. Pela sua atividade profissional, ele também é chamado a fazer escolhas pelo seu cliente. Muitas vezes, cabe ao advogado explicar ao seu cliente os limites éticos da sua atuação e, a partir daí, traçar a reação de seu representado.

Quem procura o advogado quer atingir um resultado — a vitória em uma causa, a celebração de um contrato, por exemplo — e, para isso, não raro, afirma estar disposto a tudo, admitindo a ideia — a perigosa ideia — de que os fins justificam os meios. Cabe ao bom advogado conter seu cliente, pois nada justifica cometer atos ilegais ou antiéticos — e, com certeza, os fins não justificam os meios.

A filosofia contemporânea possui diversas áreas de estudo. Pode-se dizer que os principais campos de investigação são a epistemologia, a metafísica, a lógica e a ética. Existem ainda outros temas de que se ocupa a filosofia, como, entre outros, a filosofia da linguagem, a estética, além da apreciação filosófica sobre o Direito, a política e a arte.

Pela epistemologia, investiga-se o conhecimento, inclusive a forma como ele é adquirido. Procura-se distinguir o conhecimento da crença e da opinião. A metafísica examina a existência e a natureza dos fenômenos. Com a lógica, estuda-se o raciocínio. Por fim, pelo estudo da ética, apreciam-se as escolhas corretas, boas, alinhadas com a moral. Em outras palavras, pela ética busca-se compreender os valores que direcionam o comportamento, identificando-se o bom e o mau, o correto e o errado.

Naturalmente, não se pode dissociar o estudo da ética de um certo momento histórico da sociedade, pois os valores de uma sociedade se alteram no tempo. A união estável era, num passado recente, condenada por grande parte da sociedade brasileira, que respeitava apenas a relação formada a partir do casamento (preferencialmente, religioso). Hoje, contudo, aceita-se, pela maioria, um modelo informal de constituir família. Não é errado afirmar que cada povo possui sua ética — e, de certa forma, essa ética, com seus valores, o define. Em *A genealogia da moral*, Nietzsche busca demonstrar que não há universalidade nas regras morais.[74]

---

[74] Nietzsche, Friedrich. *A genealogia da moral*. São Paulo: Lafonte, 2017.

NIETZSCHE

    Segundo o filósofo Danilo Marcondes, "mais do que qualquer outra área tradicional da filosofia (como a lógica, a metafísica ou a teoria do conhecimento), a ética aborda, centralmente, a nossa vida concreta, nossa prática cotidiana".[75]

    Em apertada síntese, ao estudar a ética, questiona-se o livre-arbítrio, investigando-se o bem e os deveres morais. Ao se aprofundar nesse estudo, examinam-se a virtude e o desejo. São delineados os limites para se atingir os objetivos.

---

75    Marcondes, Danilo. *Textos básicos de ética: de Platão a Foucault*. Rio de Janeiro: Zahar, 2007, p. 11.

O respeito à ética permite a convivência harmoniosa. Pelo seu estudo, apreciamos os valores morais de um grupo social. O termo tem origem graga: *éthos*, exprimindo conceito que buscava definir a vida saudável, no qual se englobavam, inclusive, a alimentação e a atividade física, ou seja, um aspecto amplo de saúde. Com o tempo, a ética passou a se relacionar com a seguinte indagação: "O que é certo e o que é errado?"

Carl Jung, evidentemente de forma exagerada, reduz as motivações das ações humanas à busca pelo "aplauso dos homens" — a glória —, o "perfume das mulheres" — o sexo — e o "tilintar das moedas" — o poder e o dinheiro. Os valores éticos funcionam como freios a esses desejos.

Na maior parte dos casos, distinguir o certo do errado revela-se simples e evidente. Não é correto ferir outras pessoas. Não é certo roubar ou trapacear. Ponto. Esses conceitos, embora básicos, devem ser constantemente reverenciados. Em certas situações, no entanto, a resposta não se encontra na superfície, ela pode ser mais difícil, demandando alguma reflexão.

Os valores morais, quando violados, dão lugar ao elemento trágico. As tragédias gregas cuidavam de um tema perturbador: mesmo as pessoas boas podem fazer coisas más. "O caráter do homem é o seu destino" (*éthos anthropoi daimon*), disse Heráclito, há mais de dois mil e quinhentos anos.

Para que se adote um comportamento ético, faz-se necessário que se compreenda a tábua axiológica existente na sociedade, na qual se reconheçam os valores respeitados.

Do ponto de vista filosófico, ética e moral têm o mesmo sentido. A palavra *éthos*, como mencionado, tem fonte grega, enquanto *mores* guarda origem latina. *Éthos* significa caráter — mas também se relacionava, como referido, a um aspecto amplo de bem-estar, atrelado à saúde mental e física —, enquanto *mores* quer dizer costumes. Ambas se relacionavam a um padrão de comportamento correto, racional. São, pois, de certa forma, sinônimas.

Para alguns, contudo, pode haver uma distinção entre os termos, no qual a ética seria uma especificação do atuar conforme a moral. Moral, nessa acepção, se relacionaria aos princípios teológicos, enquanto a ética aos princípios filosóficos.

Numa acepção, enquanto os valores representariam algo superior — os "bons" e os "maus" valores —, a ética se relacionaria a certo grupo, com uma tábua axiológica particular — admitindo-se, por exemplo, uma ética dos mafiosos, ditadas por regras próprias.

Pode-se dizer, portanto, que um código moral é um sistema de padrões éticos que orientam uma determinada sociedade. Esses códigos espelham um ambiente e um momento. Segundo Oliver Thomson, cinco elementos formam a matéria-prima da construção dos códigos de ética: "compaixão, amor pela família, desejo de autodefesa cooperativa, desejo de aprovação e preferência por decisões fáceis".[76]

Deixamos de estudar ética nas escolas e nas faculdades. Uma lástima. O estudo dessa matéria deveria ser obrigatório. A necessidade e o proveito de conhecer a ética — compreendida como o estudo de valores morais — é fundamental para qualquer cidadão, independentemente de sua atividade. Como explica o contemporâneo filósofo francês Luc Ferry, "a ética se encarrega da questão da salvação".[77] O profissional do Direito enfrenta, todos os dias, questões que desafiam temas éticos. Como observa Calamandrei, compete ao "advogado pôr a questão moral antes da questão jurídica e fazer compreender que os artigos do código não são cômodos artifícios para esconder patifarias".[78]

---

76 Thomson, Oliver. *A assustadora história da maldade*. São Paulo: Ediouro, 2002, p. 34.
77 Comte-Sponville, André; Ferry, Luc. *A sabedoria dos modernos*. São Paulo: Martins Fontes, 1999, p. 214.
78 Calamandrei, Piero. *Êles, os juízes, vistos por nós, os advogados*. 3ª ed. Lisboa: Livraria Clássica Editora, 1960, p. 123.

CAPA DE *ELES, OS JUÍZES, VISTOS POR NÓS, OS ADVOGADOS*, DE CALAMENDREI

    Ao abandonar as considerações de ética, o homem deixa de atentar que "a filosofia e a democracia não só partilham as mesmas origens históricas como também, de certo modo, dependem uma da outra".[79]

    Talvez não se reconheça a devida importância à disciplina da ética em função do "mito da ciência". Isso porque a civilização ocidental, principalmente a partir da Revolução Industrial, deu primazia à técnica, às ciências exatas, relegando as humanidades a um segundo plano.

---

[79] Habermas, Jürgen. *A ética da discussão e a questão da verdade*. São Paulo: Martins Fontes, 2018, p. 69.

Estuda-se ética há muito. A religião, historicamente, carrega preceitos éticos.

A ética budista, por exemplo, prega a adoção do caminho do meio, evitando-se extremos — no que se assemelha ao grande valor clássico grego, segundo o qual não deveria haver nada em excesso. Para os budistas, há uma lista de oito preceitos para atingir a iluminação, chamado caminho óctuplo: a perspectiva correta, a intenção correta, fala correta, ação correta, meio de vida correto, esforço correto, vigilância correta e concentração correta.

O zoroastrismo, que floresceu a partir do século VI a.C., oriundo da área onde hoje se situa o Irã, é considerada a primeira religião que enfatizou conceitos éticos universais.[80] De forma singela, o zoroastrismo colocava o bem e o mal como polos antagônicos, concitando seus seguidores a seguir o bem, pela exaltação do deus Ahura Mazda.

Em *A república*, obra do século IV a.C., Platão sustenta que a melhor vida é aquela dedicada ao aprendizado, governada pela razão e na qual se cultua a verdade.

As primeiras obras de Platão são conhecidas como socráticas porque o filósofo fazia constantes referências ao seu mestre Sócrates. Nelas, avulta a importância das discussões morais, estimulando-se uma consciência das condutas. Na *Apologia* — obra também traduzida como *O julgamento de Sócrates* —, Platão afirma que "uma vida sem esse exame não é digna de ser vivida".[81] Platão, em *A república*, registra que "o melhor cidadão é aquele que subordina seus interesses ao da sociedade".

Também em *A república*, Platão narra a história de Giges, um pastor, a serviço do soberano da Lídia.[82] Um mito — segundo definiu Fernando Pessoa, "o mito é o nada que é tudo".[83] Segundo a história, um terremoto fendeu o chão. Giges, que pastoreava um rebanho, encontrou

---

80 Chasteen, John Charles. *After Eden: a Short Story of the World*. New York: WW Norton, 2024, p. 85.
81 Platão. *O julgamento de Sócrates*. Rio de Janeiro: Nova Fronteira, 2018, p. 75.
82 Platão. *A república*. São Paulo: Edipro, 2014, p. 80 e seguintes.
83 "Primeiro: Ulisses", em *Mensagem*.

com essa fenda e por ela desceu. Para seu espanto, encontrou um grande cavalo de bronze. Dentro dele, havia um homem nu, possivelmente morto, com um anel de ouro na mão. Giges colocou o anel. Mais tarde, naquele mesmo dia, mais tarde, compareceu a um encontro com outros pastores, que também prestavam contas ao rei da Lídia. Giges percebeu que, quando girava o anel em seu dedo, ele se tornava invisível. Ao girar novamente o anel, Giges voltava a aparecer. Com esse poder, Giges convence seus colegas de que poderia, como representante do grupo, ir ao rei para fazer reivindicações. Ao chegar ao palácio do rei, Giges consegue seduzir a rainha e matar o rei, sempre se valendo da facilidade advinda do seu anel mágico.

Platão pergunta qual seria a diferença do uso desse anel por uma pessoa justa e outra injusta. Pondera sobre quem teria força para resistir ao uso do poder. Se ninguém saberá quem fez o mal (pois o anel garante a invisibilidade), quem não deixaria de fazer tudo para alcançar seus desejos?

Eduardo Gianetti estudou o mito, se trata desse "salvo-conduto" para a "transparência física e nudez moral".[84] Platão buscou transmitir o ensinamento de que devemos ser justos, mesmo quando estamos livres para agir da forma que quisermos, ainda que a atitude fique impune, sem represálias.

Sempre que possuímos alguma forma de poder, nossa ética é testada. O advogado tem um poder em relação ao seu cliente. Quando procura um advogado, o cliente precisa de ajuda: quer elaborar um documento, ouvir uma opinião, iniciar um procedimento ou se defender de uma demanda. Normalmente, o advogado domina os aspectos técnicos dessa consulta. É o advogado que irá esclarecer ao cliente como proceder. O cliente, de modo geral, desconhece as regras jurídicas e o funcionamento da Justiça — na maior parte das vezes, não tem ideia de como funcionam os trâmites dos tribunais. Seja pelas circunstâncias, seja pelo mero fato de solicitar o auxílio, o cliente empodera o advogado.

---

84  Giannetti, Eduardo. *O anel de Giges*. São Paulo: Companhia das Letras, 2020, p. 7.

A partir de então, cabe ao advogado exercer esse poder de forma honesta. Não deve valer-se da angústia de quem o procura — angústia comumente relacionada ao desconhecimento — para, entre outros atos reprováveis, cobrar honorários aviltantes. Não deve, valendo-se da ignorância do cliente, sequestrar sua tranquilidade. Em suma, não deve tirar qualquer proveito pelo fato de dominar o tema, ao contrário de seu cliente.

Aristóteles, discípulo de Platão, foi preciso: "O exercício do poder revela o homem."[85] Já falamos antes de Aristóteles. Foi um grande sistematizador. Na sua escola, o Liceu, buscava reunir todo o conhecimento então existente. Enviava exploradores para recolher objetos e averiguar fatos. Entre outros estarrecedores fatos a comprovar a excelência do ambiente acadêmico do Liceu, sabe-se, por exemplo, que seus alunos comparavam constituições de 158 Estados diferentes.[86]

Séculos antes de Cristo, Aristóteles tratou minuciosamente da ética, que, em suma, ele dizia se relacionar às condutas visando ao bem comum. A chamada ética dos fins.

Para Aristóteles, havia uma dupla energia no intelecto (*nous*): a sabedoria (*sofia*) e prudência (*fronesis*). Pela primeira, o ser humano compreende os fenômenos ao seu redor. Pela segunda, orienta suas decisões.

Em *Ética a Nicômacos*, Aristóteles prega que se evitem os extremos. A ética passa pela justa medida, na qual nada há em excesso ou escassez. Para o filósofo, a ética visava a formar o cidadão. Aristóteles identifica os estados da mente que antecedem os atos ruins: o impulso irracional que domina o julgamento racional e o incita a uma ação sem maior deliberação e a escolha equivocada do mal sob a aparência do bem. Como explica o filósofo, "a bondade é uma só, mas a maldade é múltipla."[87] Um conceito semelhante ao caminho do meio budista, de que antes falamos.

Para os estoicos, escola filosófica que teve importância na Grécia e na Roma antiga, as virtudes cardeais da moral são a justiça, a coragem,

---

85 Aristóteles. *Ética a Nicômacos*. 3ª ed. Brasília: Editora da Universidade de Brasília, 1999, p. 93.
86 Wells, H. G. *História essencial do mundo*. Lisboa: Alma dos Livros, 2023, p. 110.
87 Aristóteles. *Ética a Nicômacos*. 3ª ed. Brasília: Editora da Universidade de Brasília, 1999, p. 42.

a moderação (ou temperança) e a sabedoria (ou prudência). Os estoicos pregavam um desapego da alma aos desejos, uma tranquilidade desapaixonada. A ética passaria, segundo essa corrente filosófica, pelo autocontrole, a fim de que se avaliassem os fenômenos da vida com tranquilidade e equilíbrio.

Com o cristianismo, a ética assume uma feição prática: "Trate os outros como gostaria de ser tratado." O outro lado dessa moeda é: não faça com os outros o que não gostaria que fizessem com você. Essa também é a chamada regra de ouro da filosofia confucionista.

O Evangelho de Marcos narra a parábola dos talentos. Eis a história: o senhor, que se ausentará por um período, chama seus três criados. Ao primeiro dá cinco talentos (moedas de prata de considerável valor); ao segundo oferece dois talentos e ao terceiro entrega apenas um. Quando regressa, o senhor pede aos seus criados que prestem conta. O primeiro lhe devolve dez talentos. Havia duplicado o valor. O segundo devolve quatro, também multiplicara a fortuna de seu senhor. O terceiro entrega apenas o mesmo talento que recebera. Conta que, preocupado em guardar o talento, o enterrara até o retorno do senhor. Este, indignado, insulta o último criado e o expulsa.

Qual a moral dessa parábola? Ela quer dizer que o nosso mérito não está com o que nascemos, mas com o que fazemos com o que temos. Alguns podem ser mais inteligentes, bonitos, ricos — e receberam mais talentos —, mas o importante será o que fazemos com nossos atributos. É nossa conduta que nos distingue.

O Sermão da Montanha, registrado no Evangelho de Mateus, resume a ética cristã:

Jesus, vendo a multidão, subiu a um monte, e, assentando-se, aproximaram-se dele os seus discípulos; e, abrindo a boca, os ensinava, dizendo:

Bem-aventurados os pobres de espírito, porque deles é o Reino dos céus; bem-aventurados os que choram, porque eles serão consolados; bem-aventurados os mansos, porque eles herdarão a terra; bem-aventurados os que têm fome e sede de justiça, porque eles serão fartos; bem-aventurados os misericordiosos, porque eles alcançarão misericórdia; bem-aventurados os limpos de coração, porque eles verão a Deus; bem-aventurados os pacificadores, porque eles serão chamados filhos de Deus; bem-aventurados os que sofrem perseguição por causa da justiça, porque deles é o Reino dos céus; bem-aventurados sois vós quando vos injuriarem, e perseguirem, e, mentindo, disserem todo o mal contra vós, por minha causa.

Interessante quando se comparam essas regras éticas com as estabelecidas por Moisés, séculos antes, no Decálogo.[88]

Jesus Cristo é o primeiro a esclarecer que não pretende revogar as regras antigas. No Evangelho de Mateus, o Nazareno explica:

> Não pensem que vim abolir a Lei ou os Profetas; não vim abolir, mas cumprir.
> Digo a verdade: Enquanto existirem céus e terra, de forma alguma desaparecerá da Lei a menor letra ou o menor traço, até que tudo se cumpra.
> Todo aquele que desobedecer a um desses mandamentos, ainda que dos menores, e ensinar os outros a fazerem o mesmo, será chamado menor no Reino dos céus; mas todo aquele que praticar e ensinar estes mandamentos será chamado grande no Reino dos céus.

Jesus apenas oferece um novo norte de interpretação das mesmas normas, que passa pela empatia e pela compaixão.

Há, ainda, outro grande vetor da ética cristã, que representa uma revolução: Jesus diz que se deve amar o inimigo. "Amai os vossos inimigos e orai pelos que vos perseguem", registra o Evangelho de Mateus.[89]

---

[88] Eis os mandamentos: 1 — Não adotarás outros deuses. 2 — Não farás para ti imagem de escultura e não as adorarás. 3 — Não tomarás o nome do Senhor teu Deus em vão. 4 — Lembra-te do dia de sábado para santificá-lo. 5 — Honra teu pai e tua mãe. 6 — Não matarás. 7 — Não cometerás adultério. 8 — Não furtarás. 9 — Não darás falso testemunho. 10 — Não cobiçarás.

[89] Mateus 5:44.

Propunha-se a revogação da lei de Talião, que preconizava "olho por olho e dente por dente".

Santo Agostinho (Agostinho de Hipona) viveu no período da derrocada de Roma. O império ruiu, em grande parte, pela corrupção interna. O santo católico, em suas *Confissões*, concitava a gente a andar com honestidade, afastando-se dos pecados da carne e de cobiças. "Toda a alma desordenada se torna a sua própria punição", disse. Santo Agostinho ressaltava a capacidade do livre-arbítrio, um presente de Deus, que deve ser usado como meio de escapar do pecado, pela escolha do caminho correto.[90]

Não se pode perder de vista que, na origem, a construção da ciência jurídica foi erigida sob conceitos éticos. Logo no início do *Digesto*, a grande compilação do Direito romano, feita no século VI a pedido do imperador Justiniano, é dito que "os preceitos do Direito são estes: viver honestamente, não lesar a ninguém e dar a cada um o que é seu".[91] Esses valores já se encontravam em Platão, que, em *A república*, indicava ser justiça dar a cada um de acordo com seu merecimento[92] e que não "é justo causar dano a quem quer que seja".[93] Isto é, os preceitos fundamentais de Direito têm sua origem em conceitos filosóficos e éticos.

São Tomás de Aquino, por sua vez, no século XIII, identificou as quatro virtudes cardeais: prudência, justiça, coragem e temperança. Regras éticas a reger a vida do bom cristão. Ao lado delas, São Tomás arrolou as virtudes teologais: fé, esperança e caridade. Segundo o frade, as virtudes cardiais, como a justiça, seriam adquiridas pela educação, prática e experiência. As virtudes teologais, diferentemente, eram infladas por Deus na nossa alma.

---

[90] Entre as qualidades de Santo Agostinho, ressalte-se o humor. Quando o indagaram: "Que fazia Deus antes de criar o mundo?", o filósofo respondeu: "Preparava o inferno para quem faz perguntas difíceis."

[91] "*Iuris praecepta sunt haec: honeste vivere, alterum non laedere, suum cuique tribuere*" (*Digesto*, Tome Premier. Metz: Chez Behmer et Lamort, 1805, p. 43).

[92] Platão. *A república*. São Paulo: Edipro, 2014, p. 40.

[93] Ibidem, p. 45.

MAQUIAVEL

No século XV, o florentino Nicolau Maquiavel, especificamente com sua obra mais conhecida, *O príncipe*, estabeleceu uma primeira grande crise no caminho da ética na história da civilização ocidental. Maquiavel, de forma explícita, desconstrói o conceito de que a vida pública deve seguir os mesmos preceitos éticos preconizados pela religião.

De forma direta, Maquiavel admite que, para se manter no poder, os fins justificam os meios. Era mais proveitoso ao homem público ser temido do que ser amado. Admitia-se, até mesmo, a crueldade como um artifício valido ao soberano, a fim de garantir a sua posição. "Jamais faltaram a um príncipe razões legítimas para justificar a sua quebra de palavra",[94] ensinava o florentino, assim, que o homem público poderia faltar com suas promessas. A ética rompia com a política.[95]

Immanuel Kant, no século XVIII, formulou, em *Metafísica dos costumes*, uma concepção de ética que toma por base o que ele denominou de imperativo categórico. Segundo Kant, tudo tem um preço ou uma dignidade. O que pode ser substituído por outro tem preço. O que não pode ser substituído tem dignidade. A ética se relaciona à conservação da dignidade humana. Kant apresenta um conceito fundamental à ética: sua universalidade e coerência, materializada numa regra prática — o imperativo categórico: "Age de tal forma que a tua ação possa ser considerada universal."[96] Se o ato prático não puder ser universalizado, ele se afasta da moral. Esse modelo kantiano evita "favoritismos" e resulta no conceito de que as pessoas devem tratar as outras da mesma forma como gostariam de ser tratadas.

Kant também preconizou que "a moral exige de mim que adote por máxima o conformar minhas ações ao Direito."[97] Sustentava também que o único meio digno de o homem chegar à felicidade se dava pela virtude, ou seja, pela vontade moralmente boa.

---

94  Maquiavel. *O príncipe*. 14ª ed. Rio de Janeiro: Bertrand, 1990, p. 102.
95  Bignotto, Newton. "As fronteiras da ética: Maquiavel". In: Novaes, Adauto (org). *Ética*. São Paulo: Companhia das Letras, 2007, p. 155 e seguintes.
96  Kant, Immanuel. *Metafísica dos costumes*. Lisboa: Edições 70, 2004, p. 31.
97  Kant, Immanuel. *Doutrina do Direito*. São Paulo: Ícone, 1993, p. 46.

KANT

    O final do século XVIII e o século XIX assistiram ao surgimento da corrente utilitarista no campo da ética. Segundo essa corrente, admitia-se uma escolha ética que levasse em consideração os resultados da conduta, com o maior benefício obtido.

    Adiante, no século XIX, emergiram ideais que visavam a isolar a moral do Direito, concentrados na denominada escola positivista. O conceito consistia em trazer para as ciências humanas o mesmo rigor científico aplicado às ciências exatas. Embora esse esforço tenha trazido bons frutos no desenvolvimento da dogmática jurídica — como a mais sofisticada sistematização do ordenamento legal —, o afastamento de valores éticos do Direito acabou por permitir a organização e legitimação de estados totalitários, responsáveis por atrocidades, com a consumação de crimes contra a humanidade. Afinal, sem atentar para questões morais, o Direito deixava de ter proteções contra ordens com consequências desumanas. Direito e ética não podem se afastar.

Há, como se sabe, uma ética profissional, particular para cada ramo de atividade. Encontra-se, até mesmo, uma ética no jogo. O termo "deontologia" remete a esse estudo da ética em um ramo particular. *Deon* é uma palavra grega, significando o justo e adequado. *Logos*, por sua vez, quer dizer ciência. A deontologia é a ciência do atuar de forma correta. Ela não se relaciona às condutas técnicas do profissional, mas ao seu comportamento de forma honesta. Ademais, não convém perder de vista que nem tudo que se encontra amparado legalmente é decente — *Non omne quod licet honestum est*.

A boa ética garante um comportamento educado, leal, honesto, transparente. A falta de ética nos condena à selvageria, ao caos.

Vimos que os cursos jurídicos no Brasil, ao menos na sua expressiva maioria, não oferecem cadeiras para o estudo da ética. Ela, para muitos, é uma noção abstrata, difusa, coloidal. Para outros, trata-se de uma opção, que se pode seguir a depender das conveniências, embora, claro, ninguém se assuma antiético.

Deixar de discutir temas éticos com estudantes de Direito gera um risco. Afinal, "quando a um profissional falta-lhe a crença nos valores morais, quanto mais conhecedor das leis e perito na arte forense, tanto mais perigoso e pernicioso para a sociedade, na medida em que domina todos os mecanismos procedimentais apropriados para frustrar a aplicação da lei, para impedir a defesa da ordem social, para descurar a repressão do crime e para assegurar a impunibilidade dos comprovadamente delinquentes".[98]

A escolha, por um advogado, da adoção dessas estratégias remete à questão ética acima mencionada: até onde se vai para ganhar uma causa?

---

[98] Costa, Elcias Ferreira da. *Deontologia jurídica: ética das profissões jurídicas*. Rio de Janeiro: Forense, 2001, p. 9.

Permitam-me fazer uma referência à história — que leva a uma percepção pragmática do benefício da conduta ética. De forma resumida, historiadores observam duas formas de sociedades: uma solidária e outra extrativista.

Nas sociedades solidárias, seus integrantes visam, em suas condutas, a atingir um interesse da coletividade. Entendem que o bem-estar reside no interesse comum. Nas sociedades extrativistas, diferentemente, cada integrante atua em seu próprio interesse.

As sociedades solidárias prosperam. As extrativistas não. As primeiras tendem a ser mais justas. As extrativistas são intrinsecamente injustas e desiguais.

Agraciado com o prêmio Nobel de Economia de 1993, Douglas North defende que a economia apenas viceja num ambiente eticamente saudável, sem roubo, nepotismo, extorsão ou intimidação. Apenas se prospera onde as relações contratuais — e os mecanismos para a discussões acerca dele — sejam protegidos e sérios. Michael J. Sandel, conhecido professor da Universidade de Harvard, defende que uma sociedade justa depende de um sentimento de comunidade, por meio do qual os cidadãos pensam no todo.[99]

Imagine-se uma floresta. Numa sociedade solidária, seus integrantes não sairão desbastando as árvores, pois isso afetaria o interesse comum. Já numa sociedade extrativista, cada um rapidamente cortaria o maior número de árvores, em proveito próprio. Na sociedade solidária, a floresta se manterá. Na extrativista, a floresta será desmatada. A médio e longo prazo, apenas a sociedade solidária, nela incluídos todos os seus integrantes, terão vantagens.

Se se deseja estabelecer uma comunidade saudável e longeva, a boa ética não é uma opção, porém uma necessidade.

Se os advogados não tivessem esteios éticos e tudo fizessem para alcançar os resultados, em pouco tempo não haveria respeito e, rapida-

---

99 Sandel, Michael J. *Justiça: o que é fazer a coisa certa*. Rio de Janeiro: Civilização Brasileira, 2011, p. 325.

mente, não haveria justiça. A escolha ética é a única que convive com uma continuidade saudável da humanidade.

Nesse passo, vale citar o "*slogan* pessoal" de Luís Roberto Barroso: "Não importa o que esteja acontecendo à sua volta: faça o melhor papel que puder. E seja bom e correto, mesmo quando ninguém estiver olhando."[100]

John Donne, poeta contemporâneo e conterrâneo de Shakespeare, escreveu, em 1624, "No Man Is an Island", um dos poemas mais conhecidos da civilização ocidental. Começa por dizer que "nenhum homem é uma ilha". Uma linda imagem. De fato, não estamos isolados na nossa existência. A experiência da vida é coletiva. Assim, o comportamento sadio e ético beneficia a todos, enquanto a conduta antiética contamina o próprio instituto. O poema de John Donne termina com uma resposta: ele diz que não se deve perguntar por quem os sinos dobram. Eles dobram por nós mesmos, arremata o poeta.

O verdadeiro bem-estar — o bem-estar de uma pessoa saudável, que se relaciona com seus semelhantes com civilidade —, só existirá dentro de um caminho ético.

## As manifestações da ética

Na advocacia, a ética se apresenta em variadas frentes. Em todas elas, a ética preconiza a educação e a urbanidade como pressuposto. Sempre o advogado deve ser atencioso, gentil e respeitoso, ainda que seja para divergir frontalmente do que se alega e para expor seus argumentos de forma contundente. Nada justifica uma grosseria. No limite, pode-se ser veemente, jamais agressivo.

---

100 Barroso, Luís Roberto. *Sem* data venia: *um olhar sobre o Brasil e o mundo*. Rio de Janeiro: História Real, 2020.

## Ética em relação à sociedade

Há uma ética do advogado em relação à sociedade. O artigo 133 da Constituição Federal anota que "o advogado é indispensável à administração da justiça, sendo inviolável por seus atos e manifestações no exercício da profissão, nos limites da lei". Logo, o advogado deve prestar conta de sua conduta à sociedade.

O Código de Deontologia dos Advogados Europeus, de 28 de outubro de 1998, em seu preâmbulo estabelece:

> 1.1 - A função do advogado na sociedade
> Numa sociedade baseada no respeito pelo primado da lei, o advogado desempenha um papel especial. Os deveres do advogado não se esgotam no cumprimento rigoroso do seu mandato dentro dos limites da lei. O advogado deve servir o propósito de uma boa administração da justiça ao mesmo tempo que serve os interesses daqueles que lhe confiaram a defesa e afirmação dos seus Direitos e liberdades. Um advogado não deve ser apenas um pleiteador de causas, mas também um conselheiro do cliente. O respeito pela função do advogado assume-se como uma condição essencial para a garantia do Estado de Direito Democrático.

O artigo 20 do Código de Ética da Ordem dos Advogados do Brasil, nessa linha, oferece importante regra:

> Art. 20. O advogado deve abster-se de patrocinar causa contrária à ética, à moral ou à validade de ato jurídico em que tenha colaborado, orientado ou conhecido em consulta; da mesma forma, deve declinar seu impedimento ético quando tenha sido convidado pela outra parte, se esta lhe houver revelado segredos ou obtido seu parecer.

Cabe ao advogado resguardar o ordenamento jurídico, pois, assim, protege a sociedade. Como ensinou Cícero, devemos ser escravos da lei, a fim de não nos transformarmos em escravos dos homens.

## Ética em relação ao cliente

Uma das mais importantes acepções da ética na advocacia se encontra na relação do profissional e seu assistido; isto é, entre o advogado e quem procura seus serviços. Ela começa com a independência e o desprendimento de, se for o caso, informar a quem o consulta que o Direito não lhe assiste, isto é, que o consulente não possui embasamento jurídico na sua pretensão ou que se encontra equivocado na sua percepção.

O mau profissional tem receio de contradizer seu cliente. Trata-se de um grave desvio ético. O advogado deve sempre lealdade a quem o consulta, principalmente para orientá-lo, ainda que sua opinião seja em sentido oposto ao que deseja ouvir quem solicitou a ajuda.

O Direito não é uma ciência exata. O resultado dos litígios pode variar em função de uma série de fatores. Contudo, o advogado experiente, principalmente com base em seu conhecimento técnico, consegue oferecer uma razoável estimativa do desfecho do caso. Seu compromisso é o de fornecer esse prognóstico, embora com todas as ressalvas cabíveis.

Todo advogado calejado já ganhou causas que imaginava perdidas e perdeu ações que tinha certeza de que venceria. Essa experiência ensina humildade ao profissional, pois há sempre o fator imponderável do julgamento humano, inexoravelmente passível de erro — ao erro honesto —, pois essa é nossa natureza.

Uma das lições, advindas dessa incerteza, é jamais garantir, principalmente ao cliente, o resultado de um processo. No máximo, justifica-se oferecer uma tendência, sempre ressalvando as vicissitudes e falibilidades dessas premonições. Afinal, o advogado não é profeta nem adivinho.

Não age bem o advogado que incita seu cliente a embarcar numa aventura jurídica, deduzindo pleitos absurdos, contrários ao ordenamento jurídico. Em suma, os advogados devem, se essa lhes parecer a orientação correta, dizer "não" aos seus clientes.

Não raro, quem procura um advogado se encontra tomado de angústia, procurando solucionar seu problema a qualquer custo. Por vezes, o cliente busca uma solução que se afasta da moral e do legal. O profissional ético, nesse momento, deve alertar quem o consulta sobre os malefícios de seguir aquele caminho sombrio. No limite, o advogado deve recursar serviço que considerar ilegal ou imoral. Essa recusa não significa, absolutamente, abandonar o consulente. Ao contrário, é dever do advogado tentar orientá-lo, buscando a melhor forma de solucionar o problema, dentro da legalidade, a fim de proteger os interesses legítimos de quem o procura.

Nessa linha, compete ao advogado esclarecer todos os riscos inerentes ao serviço. No caso da propositura de uma ação judicial, por exemplo, o cliente se sujeita ao pagamento de honorários de sucumbência, na hipótese de se julgarem improcedentes os pedidos formulados. Cumpre ao advogado alertar o cliente dos eventuais reveses de sua conduta, com repercussões financeiras adversas.

Profissionais experientes com frequência recebem consulta de pessoas a quem, no passado, foram oferecidos prognósticos negativos de suas pretensões. São aqueles que, descontentes com o parecer contrário de um causídico aos seus interesses, procuraram outros advogados, na esperança de obter uma apreciação que lhes agrade. Há aqueles que apenas sossegam quando ouvem o prognóstico que querem ouvir. Infelizmente, sempre haverá algum advogado, por vezes sem intenções louváveis, que assumirá causas impossíveis ou até suicidas. Com o tempo, o cliente lamentará não ter respeitado a opinião sincera de quem lhe recomendou não ingressar com o litígio ou não resistir ao pleito apresentado por terceiro. Esses que retornam ao profissional que primeiro lhes disse "não" sabem que poderão contar com uma avaliação honesta e, portanto, com maior probabilidade de acerto.

Veja-se: ao ser consultado, o advogado não dá um palpite sobre o tema, mas emite uma opinião fundada na sua técnica e experiência.

Por óbvio, é função do advogado proteger seu cliente. Por mais paradoxal que possa soar, esse amparo começa por proteger o cliente do próprio cliente! Por vezes, por falta de conhecimento, informação ou mesmo por deficiência de índole, o cliente busca um fim ilícito, para obter uma vantagem indevida, prejudicando alguém (não raro, indo contra a coletividade). Cumpre ao profissional do Direito orientar quem o consulta a não adotar condutas ilícitas, a não mascarar a ilegalidade, a não prejudicar, de forma contrária à lei, terceiros. O advogado deve ser o primeiro guarda-portão do ordenamento jurídico.

Também é natural que quem procure a ajuda do advogado esteja ansioso, aflito, angustiado. Nessas horas que se costuma falar mais do que seria devido, ou fazer concessões das quais fatalmente se arrependerá no futuro. Aqui o advogado deve agir para acalmar seu assistido, evitando que tome medidas precipitadas, buscando refletir com ele qual a melhor forma de proceder.

Outro momento em que a ética é posta à prova na relação entre o advogado e seu assistido se dá com a cobrança de honorários, ou seja, a remuneração pelo serviço prestado. Isso porque, nessa hora, o advogado passa, ao menos na aparência, da posição de protetor para a de credor.

Um comportamento ético com o cliente pressupõe um justo acerto da remuneração pelo serviço oferecido. Não raro, o advogado é procurado num momento de profunda angústia, no qual o cliente se encontra tomado de angústia. O profissional correto não tira proveito dessa fragilidade momentânea para exigir valores exorbitantes pela sua atuação.

O trabalho do advogado deve ser adequadamente remunerado. Ajustar um estipêndio irrisório e desprezível avilta tanto o patrono como quem o contrata.

Idealmente, estipulam-se os honorários antes de iniciado o serviço. No máximo, antes do término da atuação. Já ouvi um advogado penal experiente lamentar de não ter fixado sua remuneração antes do fim do processo (no qual seu cliente foi absolvido), com a seguinte reflexão: "Representar clientes na advocacia penal é como praticar a mais velha das profissões: seus serviços não valem nada depois de prestados...".

Ainda em relação ao cliente, é dever ético do advogado evitar o conflito de interesse, notadamente para que não represente também a contraparte. Afinal, quem busca o amparo de um advogado pressupõe que este irá adotar todos os esforços para ajudá-lo, sem relação com a outra parte. Caso o advogado verifique algum conflito que possa afetar a sua independência e liberdade de atuação — como na hipótese de ele prestar serviços para outros interessados no tema —, melhor será ao profissional renunciar ao trabalho, sob pena de se colocar numa situação de atrito. O foco do advogado deve ser apenas um: defender seu cliente. Se houver outro interesse colidente, a melhor estratégia, quaquer que seja, pode ficar prejudicada.

Por uma questão ética, o advogado deve manter o segredo profissional, isto é, abster-se de fazer comentários públicos a respeito de temas a ele submetidos. O sigilo profissional e a discrição dão prova de elegância. O advogado apenas fala em público dos interesses e processos de seus clientes quanto autorizado. Portanto, na maior parte das vezes, ganha o profissional que se proteger da exposição desnecessária.

É dever ético do advogado se engajar no problema de seu cliente. Não faz isso apenas intelectualmente, mas também com sua sensibilidade. Como ensinou Pascal, "conhecemos a verdade não apenas com a razão, mas também com o coração". Numa passagem do Evangelho apócrifo de Matias, na qual se narra uma conversa de Jesus com escribas — que representam a hipocrisia —, o Nazareno cita uma profecia de Isaías: "Este povo honra-me com seus lábios, mas seu coração está longe de mim." O advogado não pode estar anestesiado em relação ao drama do seu cliente. Uma forte dose de empatia revela-se fundamental. Sem sentimento e emoção, o patrono poderia ser substituído por uma máquina, como registrado por Paulo na sua epístola aos Coríntios: "Ainda que eu falasse as línguas dos homens e dos anjos, e não tivesse amor, seria como o metal que soa ou como o sino que tine."

Essa "emoção", contudo, não pode ser violenta a ponto de retirar do patrono a racionalidade. A empatia se direciona ao drama do cliente, mas nunca ao ponto de impedir a apreciação serena do tema sob exame.

A estratégia, qualquer que seja ela, não pode desprezar a emoção,[101] a verdadeira emoção. Embora a questão técnica deva sempre estar presente, a discussão revolve, mesmo que indiretamente, um interesse humano. O coração do causídico também deve participar da defesa.

Evaristo de Moraes foi um grande penalista. Em 1911, ele foi consultado por um adversário político, José Mendes Tavares, que desejava contratar seus serviços. Mendes Tavares era acusado de ter mandado assassinar o amante da esposa, um capitão de fragata, após ter descoberto o adultério. O crime foi noticiado pela imprensa e ganhou a atenção da opinião pública. Majoritariamente, as pessoas consideravam o marido traído culpado e, mais ainda, "indigno de defesa". Evaristo de Moraes teve dúvida se deveria assumir a causa. Como era amigo de Rui Barbosa — ambos advogados e membros da Academia Brasileira de Letras —, decidiu consultá-lo sobre o tema.

Rui Barbosa responde em outubro de 1911. Começa por dizer que, quando diante de questões complexas, inclusive de natureza moral, ele se volta para dentro de si. Adverte que o advogado não deve se vergar pela opinião pública. Registra também que não existe ninguém indigno de defesa, pois "a humanidade exige que todo acusado seja defendido".[102] A manifestação de Rui, objetiva, dá a dimensão da missão do advogado, de proteger mesmo aqueles que antipatizamos ou por mais vis que tenham sido suas condutas. Todos merecem justiça.

Evaristo de Moraes assumiu a causa e demonstrou que a opinião pública estava errada. Seu cliente foi absolvido, restando provado que Mendes Tavares não se encontrava fisicamente no momento e no local onde ocorreu o crime. O advogado demonstrou também a falta de coerência de algumas das testemunhas. O cliente de Evaristo foi inocentado graças à coragem e ao rigor ético desse patrono.

---

101 Sobre o tema, ver Prado, Lídia Reis de Almeida. *O juiz e a emoção*. 3ª ed. Campinas: Milenium, 2005.

102 Barbosa, Rui. *O dever do advogado*. 2ª ed. Bauru: Edipro, 2007, p. 63.

Outro exemplo da função social do advogado se encontra na vida de Heráclito Fontoura Sobral Pinto. Nascido na mineira Barbacena, em 1893, e oriundo de uma família humilde — seu pai era ferroviário e católico praticante —, Sobral Pinto recebeu uma educação esmerada. Formado em Direito em 1918, iniciou a prática de Direito penal. Uma advocacia artesanal, num escritório simples, no qual trabalhava praticamente sozinho, ajudado apenas por uma fiel secretária, que datilografava as petições que ele ditava. Sobral Pinto representava pessoas físicas, acusadas de algum crime. Logo se destacou pela sua cultura e seriedade.

SOBRAL PINTO

Apesar de sua formação anticomunista e católica, na década de trinta do século passado, Sobral Pinto assume a advocacia de Luís Carlos Prestes, um símbolo nacional do comunismo. O advogado não foi corajoso, pois o governo de Getúlio Vargas atacava a oposição com truculência. Sobral Pinto não tinha qualquer simpatia pelo comunismo, muito ao contrário. Entretanto, tomou a defesa de Prestes porque acreditava no seu Direito à liberdade. Sobral Pinto aceitou a tarefa ciente de que os comunistas recebiam um tratamento desumano e brutal nas prisões. Encerrar essa injustiça era mais relevante do que suas convicções políticas.

Sobral Pinto também conseguiu salvar Anita Leocádia, filha de Prestes com Olga Benário. Como se sabe, o Brasil, numa das mais tristes passagens da nossa história, extraditou a alemã e judia Olga Benário, mulher de Prestes, embora não fossem formalmente casados, entregando-a à Alemanha nazista. Olga estava grávida. Em 1937, deu à luz Anita Leocádia. Infelizmente, Olga morreu, pelas mãos dos nazistas, numa câmara de gás, em 1942. Anita, ainda criança, estava perdida. Sobral Pinto obteve o reconhecimento de paternidade do líder comunista, quando este se encontrava preso (o advogado levara o tabelião dentro da prisão para lavrar o ato). Cumprindo todas as formalidades, enviou os documentos à Alemanha, informando que a menor, órfã de mãe, tinha pai brasileiro vivo, que deveria ter a guarda da criança. A mãe de Prestes, dona Leocádia, foi para a Europa, a fim de recuperar a neta. Quando, finalmente, a menina conseguiu chegar ao Brasil, Prestes fez questão de levá-la para conhecer Sobral Pinto, o advogado que a salvou. Apesar da profunda divergência ideológica, Sobral Pinto e Prestes se tornaram amigos, numa relação que perdurou até a morte deste último, em 1990.

Também na década de trinta, Sobral Pinto se notabilizou pelo patrocínio de Arthur Ernest Ewert, um alemão, conhecido militante comunista, que adotara o nome falso de Harry Berger (e assim tornou-se conhecido). Berger, um antigo deputado na Alemanha, foi preso no Brasil, em 1935, por conspirar pela causa comunista. O alemão foi duramente torturado, num processo que contou, até mesmo, com o auxílio da polícia nazista. Não era tarefa fácil defendê-lo. Até mesmo um senador da República, Abel Chermont, do Pará, foi preso por tentar ajudar o alemão. Sobral Pinto, destemido, passou a representá-lo a partir de 1937. Numa manobra inteligente, criativa e ousada, Sobral Pinto, para proteger o comunista, suscitou um artigo da Lei de Proteção aos Animais, a fim de coibir os maus-tratos a que seu cliente era submetido. Os presos políticos não poderiam receber um tratamento pior do que era garantido a um animal. O argumento expunha o abuso.

Berger, de toda sorte, é condenado a 16 anos de prisão. Consegue, entretanto, ser anistiado em 1945. No ano seguinte, volta para a Alemanha, embora, depois das sessões de tortura, jamais tenha recuperado sua plena sanidade.

Marcelo Ferro, em precioso ensaio sobre Sobral Pinto, anotou o legado ético do grande advogado brasileiro:

> Sobral Pinto também é reverenciado pela sua postura ética no exercício da advocacia. Sua integridade advinha não apenas dos elevados valores cristãos, mas também da sua certeza e confiança na justiça. Tinha plena convicção de que o advogado é o primeiro juiz da causa, o que, aliás, está cristalizado no Código de Ética e Disciplina da OAB. Consta, a esse respeito, o episódio envolvendo uma consulta a ele feita por seu amigo Augusto Frederico Schmidt a respeito do patrocínio de uma causa trabalhista. Depois de analisar o caso, Sobral Pinto declinou do convite sob a justificativa de que a justiça não estava do seu lado. Asseverou, em carta a ele remetida:
> "A advocacia não se destina à defesa de quaisquer interesses. Não basta a amizade ou honorários de vulto para que um advogado se sinta justificado diante de sua consciência pelo patrocínio de uma causa. (...) O advogado não é, assim, um técnico às ordens desta ou daquela pessoa que se dispõe a comparecer à justiça. (...) O advogado é, necessariamente, uma consciência escrupulosa ao serviço tão só dos interesses da justiça, incumbindo-lhe, por isto, aconselhar àquelas partes que o procuram a que não discutam aqueles casos nos quais não lhes assiste nenhuma razão."
> Sua avaliação era restrita ao Direito postulado pelo seu cliente, sem misturar as suas convicções pessoais e políticas com as dos seus consulentes,

do que é exemplo eloquente a representação de Luiz Carlos Prestes, Harry Berger, Miguel Arraes, de Juscelino Kubistchek e dos nove chineses, para citar apenas alguns.[103]

Sobral Pinto tornou-se um símbolo — fornecendo valiosos exemplos de retidão e ética. No momento da abertura política, nos anos 1980, ele, já com idade avançada, participou de diversos eventos, subindo no palanque no famoso Comício da Candelária, em 1983. Naquela ocasião, Sobral Pinto conclamou, para a massa de pessoas reunidas: "Todo poder emana do povo e em seu nome deve ser exercido." Com isso, esclarecia à população: vocês são a razão de tudo.

Quando valores mais elevados estavam ameaçados, como a proteção da humanidade e da liberdade, Sobral Pinto enfrentou todos os desafios, a ponto de se tornar um herói para além de seu tempo. Um ser humano que jamais abdicou de suas crenças, mas sempre colocou a humanidade acima delas.

Antes, citamos o trabalho de Eduardo Couture, *Os mandamentos do advogado*. O 4º mandamento guarda profundo conteúdo ético:

4º Luta
Teu dever é lutar pelo Direito; porém se encontrares em conflito o Direito e a justiça, luta pela justiça.

Esse mandamento oferece mais de uma orientação importante. Em primeiro lugar, registra que a advocacia é um desafio, uma luta. O grande jurista Rudolf von Ihering, um dos maiores gênios da história do pensamento jurídico, já havia alertado, em seu *A luta pelo Direito*: "A paz é o fim que o Direito tem em vista, a luta é o meio de que se serve para o conseguir."[104] Há, de fato, que se engajar numa luta corajosa para

---

103 Ferro, Marcelo Roberto. "Sobral Pinto". In: *Os juristas que formaram o Brasil*. Rio de Janeiro: Nova Fronteira, 2024, p. 530.

104 Ihering, Rudolf von. *A luta pelo Direito*, 12ª ed. Rio de Janeiro: Forense, 1992, p. 1.

que prevaleçam a razão e a justiça. Cabe ao advogado empreender essa energia em favor de quem pede seu auxílio.

Ao comentar seu quarto mandamento, Couture oferece a seguinte reflexão, relacionada à parte final da regra, para os casos nos quais o Direito e a justiça entrarem em conflito:

> A verdadeira prova para o advogado surge quando lhe é proposto um caso injusto, economicamente vantajoso, e que, além disso, sua simples propositura alarmaria de tal modo o demandado que lhe proporcionaria uma imediata e lucrativa transação. Nenhum advogado será plenamente tal, senão quando saiba recusar esse caso, sem encenação e sem alarde.[105]

Como bem resumiu Rui Barbosa, o patrono não pode "fazer da banca balcão". O amor à honra do advogado jamais pode ceder aos desejos materiais. Ademais, não se compra a boa reputação.

Ainda num outro mandamento, Couture explicita a necessidade de o causídico dedicar seu tempo para cuidar do pleito de seu cliente.

> 7º Tem paciência
> O tempo vinga-se das coisas feitas sem a sua colaboração.

Se o advogado estiver muito assoberbado, num momento em que outros temas reclamem sua atenção, melhor informar sua falta de tempo a quem procura seu socorro, sob pena de prestar um serviço deficiente.

## Ética em relação a terceiros

Há temas éticos na relação do advogado com o julgador.

Para defender quem o constituiu, cabe ao advogado, com os meios lícitos e de forma civilizada, valer-se dos mais sedutores e fun-

---

105 Couture, Eduardo. *Os mandamentos do advogado*. Porto Alegre: Fabris, 1979, p. 41.

dados argumentos técnicos e, até mesmo, emocionais. Consoante define Calamandrei, "o juiz é o Direito tornado homem".[106] Quem julga exerce uma atividade difícil e fica, como é da nossa natureza, sujeito ao erro. O advogado, atento à humanidade do julgador, não pode perder de vista a reflexão do filósofo Jean-Jacques Rousseau, para quem "o homem não passa de um ser sensível, que consulta unicamente suas paixões para agir".

Jamais o advogado deve ser subserviente ao julgador. *Parrhesia*, em grego, definia um tipo de coragem: a coragem de não se calar diante da injustiça dos poderosos. Sócrates foi o primeiro dos grandes *parrhesiastes*. Foucault, ao tratar da parresia, ressaltava o compromisso com a verdade.[107] Sem jamais perder o respeito, o advogado não pode temer quem o julga, sob pena de fragilizar seu pleito — como ensina a experiência, ninguém respeita quem lhe é submisso.

Minha mãe foi juíza por décadas. Ela já era magistrada quando nasci. Menino, nas minhas férias, ela me levava para passar o dia no tribunal. Calado, num canto despercebido da sala, eu assistia a audiências e despachos. Por vezes, aparecia na sala algum advogado conhecido, ou mesmo conhecido da mamãe. Naquele momento, no fórum, havia um distanciamento, um tratamento respeitoso. Inicialmente, fiquei intrigado com a mudança de conduta. Minha mãe me explicou: "Lá fora, somos amigos; mas aqui, no tribunal, sou uma juíza, e os juízes não têm amigos. Aqui — ela me esclareceu —, quem manda é a lei."

Os advogados conhecem seus julgadores, mormente se são profissionais já há tempos. Nada há de mal em haver uma relação de respeito e de estima entre julgadores e advogados. Contudo, essa relação não pode comprometer o julgamento ou criar uma desigualdade entre as partes.

---

106 Calamandrei, Piero. *Êles, os juízes, vistos por nós, os advogados*. 3ª ed. Lisboa: Livraria Clássica Editora, 1960, p. 30.

107 Foucault, Michel. *A coragem da verdade*. São Paulo: Martins Fontes, 2014, p. 11.

Dito de outra forma, o advogado não deve colher proveito se tiver algum conhecimento pessoal, alguma forma de intimidade, com o julgador.

O advogado militante, ao longo de sua carreira, granjeia, conforme a qualidade de sua atuação, uma fama. Se, durante seu desempenho, revelou-se um profissional sério e dedicado, natural que os julgadores conheçam suas qualidades e ele desfrute de um justificado respeito. Se for uma pessoa amável, os julgadores, em regra, tratarão o causídico com gentileza. Se o patrono for leal, os julgadores confiarão, com o passar do tempo, nas suas palavras. Essa credibilidade e o trato afável são os limites da sua vantagem de natureza pessoal.

A amabilidade do patrono jamais se deve transformar em cortejo. O respeito ao julgador e ao que ele representa não dão lugar à subserviência. Com a mesma educação, é papel do advogado aplaudir e criticar, sempre de forma objetiva e independente, tomando por fundamento aspectos técnicos — pois, como se diz, o Direito é a polícia da força.

O advogado deve tratar a todos com urbanidade e gentileza. Eis a regra: a amabilidade. A educação deve ser ainda maior com quem pensa diferente ou defende outra posição.

Por vezes, contudo, o advogado se vê em situações nas quais a ira se justifica — ou mesmo se impõe. Aristóteles, depois de pregar a amabilidade como padrão de conduta, ressalvou: "As pessoas que se encolerizam por motivos justos e com pessoas certas, e, além disto, como devem, quando devem e enquanto devem, são dignas de louvor."[108]

O advogado deve ter a coragem de se irar diante de violências, sejam elas contra o Direito, sejam elas contra a dignidade de seus clientes.

---

108   Aristóteles. *Ética a Nicômacos*. 3ª ed. Brasília: Editora da Universidade de Brasília, 1999, p. 83.

RUI BARBOSA

 Rui Barbosa foi um dínamo. Nascido em Salvador, em 1849, ingressou em 1866 na Faculdade de Direito de Recife — na época havia apenas duas escolas de Direito no país. No meio do curso, mudou-se de Recife para São Paulo, onde concluiu seu curso. Formado, passou a advogar na sua cidade natal, ao mesmo tempo em que ingressou na política. Pouco depois, dedicou-se também, sempre com vigor, ao jornalismo. Participou, de forma ativa, dos movimentos políticos do país, notadamente na criação da república. Foi ministro da Fazenda em 1890, ocasião em que determinou a inceneração dos livros de registro de procedência dos escravizados. Era uma medida extrema, com dois propósitos: pôr fim a qualquer apontamento dessa odiosa forma de relação humana e, ao mesmo tempo, dificultar que os antigos proprietários dos escravizados reclamassem alguma indenização do Estado por conta da abolição. Rui representou o Brasil na Conferência de Haia, na qual se discutiu, entre outros temas, a criação de uma corte internacional. Foi também um dos fundadores da Academia Brasileira de Letras. Uma vida intensa e prolífica.

Em 1920, já com idade avançada, Rui Barbosa foi convidado a fazer o discurso aos formandos do curso de Direito da Universidade de São Paulo, sua *alma mater*. Rui, pelo peso dos anos, não conseguiu comparecer ao evento, mas enviou um longo discurso, adrede preparado, lido pelo professor Reinaldo Porchat. A fala, conhecida como *Oração aos moços*, guarda pérolas de sabedoria. Uma delas se relaciona à ira dos advogados no patrocínio de uma causa. Rui cita a "cólera santa" de uma passagem do Padre Manuel Bernardes:

> Bem pode haver ira, sem haver pecado: *Irascimini, et nolite peccare*. E às vezes poderá haver pecado, se não houver ira: porquanto a paciência, e silêncio, fomenta a negligência dos maus, e tenta a perseverança dos bons. *Qui cum causa non irascitur, peccat* (diz um padre); *patientia enim irrationabilis vitia seminat, negligentiam nutrit, et non solum malos, sed etiam bonos invitat ad malum*. [...] Nem toda ira, pois, é maldade; porque a ira, se, as mais das vezes, rebenta agressiva e daninha, muitas outras, oportuna e necessária, constitui o específico da cura. Ora deriva da tentação infernal, ora de inspiração religiosa. Comumente se acende em sentimentos desumanos e paixões cruéis; mas não raro flameja do amor santo e da verdadeira caridade. Quando um braveja contra o bem, que não entende, ou que o contraria, é ódio iroso, ou ira odienta. Quando verbera o escândalo, a brutalidade, ou o orgulho, não é agrestia rude, mas exaltação virtuosa; não é soberba, que explode, mas indignação que ilumina; não é raiva desaçaimada, mas correção fraterna. Então, não somente não peca o que se irar, mas pecará, não se irando. Cólera será; mas cólera da mansuetude, cólera da justiça, cólera que reflete a de Deus, face também celeste do amor, da misericórdia e da santidade.[109]

---

109 Barbosa, Rui. *Oração aos moços*. 5ª ed. Rio de Janeiro: Edições Casa de Rui Barbosa, 1999, p. 18-20.

Nesse discurso, Rui Barbosa faz referência a Jesus Cristo que se enfurecera no templo, ao vê-lo tomado pelos vendilhões. Jesus, ao perceber que o lugar sagrado se transformara em feira de mercadorias, repudiou o comércio com violência, expulsando quem profanava o local santo. Pouco adiante em sua vida, porém, no momento dramático de seu calvário, recebeu sua pena com passividade. Era o mesmo Jesus, registra Rui. Havia o momento certo para a ira. Como ensina o icônico advogado, por vezes, há momentos em que peca quem não se irar e outros nos quais a serenidade deve prevalecer, ainda que diante de injustiças.

Calamandrei coloca o tema corretamente: "A nobre paixão do advogado deve ser, em todos os casos, compreensiva e razoável. É preciso ter os nervos bastante sólidos para saber responder à ofensa com um sorriso amável e para agradecer com uma impecável reverência ao presidente rabugento quando vos retira a palavra. E fica assente de uma vez para sempre que vociferar não é sinal de energia e que a violência improvisada não é índice de verdadeira coragem: perder a cabeça nos debates, quase sempre significa fazer perder a causa ao cliente."[110]

Em regra, contudo, o advogado deve conter seu ímpeto, embora indignado. Como ensina o filósofo Amartya Sen, "a frustração e a raiva podem contribuir para nos motivar, mas em última instância, tanto para fazermos uma avaliação correta como para chegarmos a soluções eficazes, temos de nos basear no exame racional que nos leve a um entendimento plausível e sustentável da base desses motivos de queixa (se houver) e do que é possível fazer para enfrentar os problemas subjacentes".[111]

No que se refere à ética do advogado em relação aos seus colegas de profissão, um dos relevantes deveres é o de não assumir uma causa (nem mesmo responder consultas) se outro colega de profissão estiver enga-

---

[110] Calamandrei, Piero. *Êles, os juízes, vistos por nós, os advogados*. 3ª ed. Lisboa: Livraria Clássica Editora, 1960, p. 38.

[111] Sen, Amartya. *A ideia de justiça*. São Paulo: Companhia das Letras, 2011, p. 425.

jado. Caso uma pessoa decida por alterar sua representação, cabe ao advogado averiguar se seu antecessor foi corretamente remunerado.[112]

Em relação ao colega que representa a contraparte, os principais deveres éticos se relacionam à lealdade e à educação.

Ao apresentar o caso, não se deve personalizar. A lide se dá entre as partes, não entre os advogados. Ademais, advogados tendem a se reencontrar em lados opostos. Alimentar uma animosidade apenas torna o trabalho mais penoso e difícil — e, em última análise, são os clientes quem mais perdem com isso.

O 5º e o 6º mandamentos da advocacia, segundo Couture, tratam da lealdade e da tolerância:

> 5º Sê leal
> Leal para com o teu cliente, a quem não deves abandonar a não ser que percebas que ele é indigno de teu patrocínio. Leal para com o adversário, ainda quando ele seja desleal contigo. Leal para com o juiz, que ignora os fatos e deve confiar no que tu lhe dizes; e que, mesmo quanto ao Direito, às vezes tem de confiar no que tu lhe invocas.
>
> 6º Tolera
> Tolera a verdade alheia, como gostarias que a tua fosse tolerada.

Como ensinam a educação e os bons costumes, devemos sempre tratar o próximo como gostaríamos de ser tratados. O líder indiano — e advogado — Gandhi já advertira: "Olho por olho e o mundo acabará cego."

Sereno como um guerreiro zen ou um monge budista, tranquilo como um faquir, o causídico deve ouvir a contraparte expor suas razões, ainda que ela expresse o que se considera um arrematado absurdo. No momento correto, as inverdades serão expostas.

---

112 Eis o artigo 11 do Código de Ética e Disciplina da OAB: "O advogado não deve aceitar procuração de quem já tenha patrono constituído, sem prévio conhecimento deste, salvo por motivo justo ou para adoção de medidas judiciais urgentes e inadiáveis."

John Stuart Mill foi um influente filósofo inglês do século XIX. Um homem à frente de seu tempo, foi aguerrido defensor do Direito das mulheres. Liberal ferrenho, escreve *O ensaio sobre a liberdade*, no qual defende o respeito à individualidade e à liberdade de expressão. Sobre ouvir o que o outro tem a dizer, Stuart Mill preconizou:

> O mal peculiar de fazer calar a enunciação de uma opinião está em que é um roubo feito à raça humana; tanto à posteridade quanto à geração actual; àqueles que divergem da opinião, ainda mais àqueles que a seguem. Se a opinião é justa, são privados da oportunidade de trocar o erro pela verdade: se injusta, perdem, o que é um benefício quase do mesmo quilate, o chegar à percepção mais clara e à impressão mais viva da verdade que a colisão desta com o erro produz.[113]

Fundamental, portanto, ouvir o outro.

Durante a Segunda Grande Guerra, C. S. Lewis, intelectual inglês, professor de literatura inglesa em Oxford e cristão fervoroso, participou de programas de rádio, o mais eficaz meio de comunicação da época, nos quais falava do cristianismo. Era um momento difícil, no qual a Inglaterra sofria constantes bombardeios das forças do Eixo. O intelectual trazia esperança para a nação, com mensagens de tolerância em tempos de conflito. Numa de suas falas, Lewis ensinou: "Se você for cristão, não precisa acreditar que todas as outras religiões sejam simplesmente de todo erradas. [...] Se você for cristão, tem a liberdade de pensar que todas as religiões, mesmo as mais exóticas, contêm pelo menos uma parcela de verdade."[114]

Voltaire concluiu: "O Direito da intolerância é, pois, absurdo e bárbaro. É o Direito dos tigres, e bem mais horrível, pois os tigres só atacam para comer, e nós nos exterminamos por causa de parágrafos."[115] Nin-

---

113   Mill, John Stuart. *Ensaio sobre a liberdade*. Lisboa: Arcádia, 1964, p. 68.
114   Lewis, C. S. *Cristianismo puro e simples*. Rio de Janeiro: Thomas Nelson, 2017, p. 67.
115   Voltaire. *Tratado sobre a intolerância*. São Paulo: Edipro, 2017, p. 35.

guém ganha sendo intolerante. Na advocacia, sobretudo, a intolerância ainda gera um risco mais grave: o de deixar de compreender adequadamente o que se discute.

Para se contrapor a um fato ou a uma tese, faz-se necessário identificar o fato e compreender a tese. Para tanto, deve-se entender o que se alega.

Por vezes, escutam-se da tribuna dois advogados, o do autor da ação e o do réu, falando, um após o outro. Contudo, ao ouvir suas sustentações, parece que cuidam de causas distintas, na medida em que cada um expõe o caso de uma forma. É possível que nenhum deles tenha compreendido o que o outro lado disse. Talvez uma das partes, de fato, esteja criando uma situação, afastando-se da concretude da realidade. De toda sorte, o advogado que melhor se inteirou dos argumentos da contraparte terá vantagem.

Sabemos como a advocacia — assim como qualquer outra atividade profissional — muda ao longo do tempo. Não há muito, o advogado, especializado em contencioso, era conhecido por sua veemência. Comumente, via-se no advogado brigão, agressivo, um exemplo de obstinação, de força. Alguns clientes se maravilhavam com os insultos arremessados por seus patronos, como se isso medisse a força de suas razões ou seu engajamento na causa. Essas características, hoje, recebem críticas. Ao contrário, a educação e a polidez são, justamente, consideradas qualidades mais dignas e respeitáveis.

Com relação a esse tema, em primeiro lugar, cumpre distinguir a veemência da agressividade. Em certas situações, excepcionais, o advogado pode valer-se de alguma veemência, revelando-se, por vezes, necessário ser contundente em suas afirmações, duro em suas denúncias. Trata-se de uma estratégia (registre-se: uma estratégia que deve ser adotada com moderação e parcimônia, pois facilmente se transforma em grosseria).

Valer-se da veemência a todo tempo acaba por banalizar a conduta. Imagine-se a pessoa que apenas ouve música no volume máximo; jamais terá como aumentar o som, caso queira. Além disso, a audição perderá a sensibilidade para escutar a música quando ela tocar mais baixo. O som alto tem a sua hora.

Situação distinta da veemência é a agressividade. Esta não se justifica. Em nenhuma hipótese. As disputas judiciais são um meio civilizado de solução de conflitos. Ao agredir a outra parte (ou mesmo o colega), o advogado apenas demonstra a falta de preparo e educação. Ademais, não custa lembrar que, num processo judicial ou arbitral, os advogados estão trabalhando, tentando auxiliar seus clientes. Se se entender que a estratégia da contraparte está equivocada, cumpre denunciar o ponto objetivamente, jamais partir para uma acusação pessoal.

Com certeza, ofensas pessoais à parte que debate é a estratégia que resta a quem não tem razão e aos menos preparados para uma discussão de bom nível.

O advogado, portanto, deve tratar a todos com cordialidade, mesmo que seja necessário ser contundente e incisivo.

Ao fim do litígio, existe uma etiqueta de elegância entre os vencedores e os vencidos. Para começar, jamais se comenta uma vitória em um processo. Nem de forma pública, nem de forma privada. Trata-se de um sinal de nobreza. A exceção se dá se houver a necessidade de atender a alguma solicitação do cliente que, por seus motivos (normalmente de cunho político ou econômico), precisa divulgar o resultado da lide.

Um advogado não é menos competente do que o outro porque perde uma causa. A prática demonstra que existe uma série de fatores que determinam o resultado de uma demanda. A atuação do advogado é um dos mais importantes, mas não o único. Acima de tudo, numa causa, as partes não se encontram em situação de igualdade: a situação pode ser mais simples para uma do que para a outra; o Direito de uma pode ser mais forte. O advogado que "estiver sentado no melhor cavalo" de modo geral leva vantagem.

O poderoso conde de Olivares exerceu, de fato, o poder na Espanha durante o reinado de Filipe IV. O conde coordenou a edificação do palácio do Bom Retiro, em Madri, aparentemente para manter o rei ainda mais distraído. Para o Salão dos Reinos daquele palácio, pronto em

1635, foram encomendadas grandes telas que retratassem os sucessos militares daquele reino. Eram cenas de batalhas, nas quais avultavam as façanhas dos líderes militares espanhóis, comandando suas tropas.

Entre as obras, encontrava-se *La rendición de Juliers*, de Jusepe Leonardo, concluída em 1634. Nela se estampa o momento no qual, depois de sete meses de sítio, em 1622, o genovês, a serviço da Espanha Ambrogio Spinola Doria obteve as chaves da cidade de Juliers (ou Jülich), tomada com a rendição dos holandeses.

*A RENDIÇÃO DE JULIERS*

No quadro, vê-se o derrotado ajoelhado, demonstrando sua submissão, enquanto o militar se mantém em cima do cavalo. O vencedor impõe ao rendido uma situação humilhante. A capitulação é completa.

Para esse mesmo Salão dos Reinos, Diego Velázquez pinta *La rendición de Breda*. Breda, cidade localizada hoje na fronteira da Bélgica com a Holanda, por sua posição estratégica, trocou de mão algumas vezes na luta pela independência holandesa contra os espanhóis.

No quadro, registra-se o episódio militar histórico, ocorrido em 1625: a tomada pelos espanhóis aos holandeses da estratégica cidade de Breda, centro do movimento de luta contra o domínio espanhol nos Países Baixos.

Os espanhóis sitiaram Breda, durante doze meses, até que seus habitantes, famintos e doentes, capitulassem. Os espanhóis ofereceram termos generosos para a rendição: os oficiais e soldados de Breda deviam deixar a cidade armados, mas em boa ordem. Aos cidadãos, prometeu-se ampla anistia. As chaves de Breda foram simbolicamente entregues, pelo líder de Breda, Justino de Nassau, ao chefe das tropas espanholas, o mencionado Ambrogio Spinola Doria, em 5 de junho de 1625.

Essa campanha militar foi uma das últimas vitórias relevantes do reinado de Filipe II. Dois anos após a conclusão da obra de arte, a Espanha viria a perder a posse da cidade, que retornaria para as mãos dos holandeses.

Assim como fez Jusepe Leonardo, Velázquez retrata o mesmo general Ambrósio Spínola Doria recebendo as chaves da cidade rendida do chefe das tropas holandesas, Justino de Nassau. Os dois generais já estavam mortos quando o quadro foi pintado.

Tanto o quadro de Jusepe quanto o de Velázquez são de 1634. Hoje, as duas telas se encontram expostas no museu do Prado, em Madri. Contudo, de forma muito distinta, no quadro de Velázquez, o comandante espanhol não humilha o derrotado, antes o trata com dignidade. Sua postura revela um gesto de humanidade.

Em *A rendição de Breda*, registra-se a cena na qual o líder da cidade derrotada, Justino de Nassau, um senhor quase septuagenário, com as chaves da cidade nas mãos, se prepara para se ajoelhar ao vencedor. Antes, contudo, o chefe das forças espanholas, don Ambrosio, vestido de negro, colocas as mãos sobre os ombros do vencido, evitando a humilhação.

*A RENDIÇÃO DE BREDA*

O quadro de Velázquez trata do tema ressaltando a humanidade dos soldados. A arte serve para educar, mostrando como os vencedores se devem portar. Nassau foi tratado com cavalheirismo, como sói ocorrer. Nem mesmo a guerra justifica a falta de elegância e educação.

Na advocacia, o colega, eventualmente adversário numa disputa, não é, nem pode ser, inimigo. Cada um defende uma posição e ambos estão no desempenho de suas funções, isto é, exercendo uma atividade profissional.

Ao respeitar o adversário, aprende-se com ele e, assim, aprimora-se a atuação profissional. Constrói-se uma relação cooperativa, o que, além de saudável, pode ser benéfico, na medida em que eventualmente surgirão outras questões nas quais haverá interação com o mesmo colega e a afinidade pode contribuir para um desfecho mais rápido, com mútuo proveito.

De outro lado, erra o advogado que fizer da causa pasto de sua rivalidade e antipatia pela contraparte ou por outro profissional, seu antagonista. A experiência mostra que só há perdedores nesses desvios.

Muito ao contrário, o advogado deve manter sua mente aberta para aprender com outros profissionais, observando como atuam, colhendo deles ensinamentos.

Como mencionamos anteriormente — e isso também resvala num tema ético —, a busca da melhor solução deve sempre ser um norte do advogado, normalmente por meio da autocomposição. A experiência ensina que a verdadeira paz se dá com a conciliação.

Saber reagir às frustrações faz parte do amadurecimento. Na advocacia, convive-se constantemente com insucessos. Importante aprender com eles, pois essa é a melhor forma de superá-los. Na vitória, aprende-se pouco. A derrota é sempre a melhor professora. Assim, toda vez em que não se atinge um objetivo, vale refletir sobre as causas do malogro. Não se costuma repetir o erro que foi objeto de análise.

No romance *Immaturity*, George Bernard Shaw escreveu: "Se não conseguir se livrar do esqueleto da família, é melhor ensiná-lo a dançar." Uma das formas saudáveis de encarar as derrotas é, de forma responsável, valer-se do bom humor, do espírito leve.

A vida do advogado é a luta renhida pelo Direito de que fala Ihering. Nas palavras de Carvalho Neto, "a vida judiciária é cheia de incertezas e tropeços. Ninguém logra atravessá-la em placidez, sobre caminho de rosas".[116] Não cumprirá a sua missão o advogado que, na proteção de seu cliente, se acomodar na apatia e na inércia. Advocacia é ocupação para os corajosos, abnegados e independentes.

Perdem-se causas ganhas, ganham-se causas perdidas. Naufrágios e milagres. Um dia após o outro. Uma luta que começa sempre quan-

---

116 Neto, Carvalho. *Advogados: como aprendemos, como sofremos, como vivemos*. São Paulo: Saraiva, 1946, p. 23.

do alguém precisa de ajuda. Entre vitórias e derrotas, deve-se, sempre, manter a honra e jamais transigir em relação aos bons princípios. A atividade do advogado não se compara com a de um corredor velocista, que dedica toda a sua energia a um curto percurso. O advogado se assemelha, antes, a um atleta de longas distâncias, cuja constância e cadência são essenciais à grande jornada. Sua consciência, portanto, deve estar sempre em estado de alerta, a fim de evitar que ele se iluda: ganhar a causa não vale mais do que sua dignidade. Bem vistas as coisas, a grande batalha do advogado é a de defender o Estado de Direito, garantindo a proteção da dignidade humana. Sem ética, essa batalha já nasce perdida.

Portanto, mais do que nunca, o advogado deve manter-se atento aos aspectos éticos. Inclusive para recomendar ao seu cliente que não se desvie da conduta honesta, alinhada aos interesses sociais.

Como explica Bauman, "a responsabilidade moral é a mais pessoal e inalienável das posses humanas, e o mais precioso dos Direitos humanos. Não pode ser eliminada, partilhada, cedida, penhorada ou depositada em custódia segura".[117]

A ética funciona como meio de regular a vida social saudável. Apenas por meio dela, a sociedade progride. O comportamento ético não é uma opção. Ou melhor, o comportamento ético é a única opção se se deseja construir um mundo justo e bom.

---

117 Bauman, Zygmunt. *Ética pós-moderna*. São Paulo: Paulus, 1997, p. 348.

# Um mundo melhor com os advogados

Em 1731, o governador de Nova York faleceu e foi sucedido por um próspero comerciante, Rip Van Dam, que havia muito atuara em prol daquela comunidade. Van Dam ocupou o cargo durante pouco mais de um ano, até a chegada do governador indicado pela coroa inglesa: William Cosby. Um dos primeiros atos do recém-chegado governador foi determinar a devolução de boa parte da remuneração recebida por Van Dam enquanto ocupava a função. Esse ato arbitrário indignou os nova-iorquinos. Van Dam tinha trabalhado para a comunidade e merecia o valor recebido. O tema foi levado ao Judiciário daquele Estado — na época, ainda uma província. Quando o presidente da Suprema Corte de Nova York, Lewis Morris, que ocupava o cargo havia quase duas décadas, inclinou-se em favor de Rip Van Dam, o novo governador o demitiu. Esse novo ato de força fez com que a população se insurgisse de forma ainda mais indignada.

Nesse ambiente de conflito dos cidadãos com o governo, um imigrante alemão, o tipógrafo John Peter Zenger, lança o periódico *The New York Weekly Journal*, denunciando as arbitrariedades do governador inglês. O jornal imediatamente ganha popularidade. Vários advogados importantes de Nova York, inclusive o juiz afastado Lewis Morris, contribuem com artigos para a publicação.

Por conta disso, o governador inglês manda prender o editor Zenger, sem, porém, oferecer uma boa explicação para a medida. A fim de mantê-lo preso, estabeleceu uma fiança estratosférica, em valor incompatível com as possibilidades do editor ou mesmo de seus amigos. Enquanto isso, a mulher de Zenger, revelando incomum coragem, permaneceu publicando o jornal.

James Alexander, advogado americano formado na Gray's Inn de Londres, representou Zenger perante o Tribunal de Nova York. Naquele momento, Cosby, o governador indicado pelos britânicos, já havia alterado a composição da corte, nomeando apenas juízes aliados, comprometidos com o governo inglês. Uma vez que James Alexander havia denunciado abertamente a arbitrariedade, teve suspendido seu Direito de praticar a advocacia, dado que, quando da leitura do Tribunal, teria cometido um desacato. Mais um ato despótico.

A Zenger foi designado um advogado dativo, sem maior experiência. Diante disso, os comerciantes de Nova York se uniram com o propósito de garantir um profissional competente para a defesa do réu. O escolhido foi Andrew Hamilton, da Filadélfia, que contava com quase 80 anos. Nascido na Escócia, era considerado, na época, um dos mais competentes juristas e advogados da América.

O julgamento teve início em agosto de 1735. Formou-se um júri composto por cidadãos de Nova York. A principal acusação feita contra Zenger era a de que ele havia publicado acusações falsas contra o governador Cosby. A defesa centrou suas forças no conceito de "falso". Para o advogado de defesa, se se provasse que nada do que fora escrito era "falso", não haveria o que condenar na conduta do editor. O tribunal, contudo, rejeitou essa linha de defesa. Falar mal do governante seria uma ofensa por si só.

Hamilton então lembrou ao tribunal que na Inglaterra, antes da Revolução Gloriosa, houve uma época durante a qual os homens não podiam criticar o rei. O patrono deixou claro ao tribunal que aquele período de tirania, no qual o soberano exerce seu poder sem receber crítica, havia terminado. Em seguida, tratou de demonstrar a verdade espelhada nas publicações.

Dirigindo-se ao júri, Hamilton concitou aqueles homens a cumprir a elevada função de julgar com justiça. Contra a resistência do tribunal, que assinalava a irrelevância do fato, Hamilton insistiu ser fundamental analisar a veracidade das acusações. A verdade, dizia, deveria sempre prevalecer — e Zenger não era um caluniador.

O tribunal, claramente atendendo à orientação do governador, buscava limitar o papel do júri, que deveria ser, apenas, o de identificar se o acusado havia ou não publicado o jornal. Isso bastaria para reconhecer a prática do crime. Hamilton, por outro lado, denunciava a farsa em que aquele julgamento consistiria se a discussão se limitasse apenas a esse tema. O advogado de defesa reclamava o exame do mérito.

O causídico bradou na sala de audiência:

Há heresia na lei, assim como na religião, e ambas têm mudado muito. Bem sabemos que há não mais de dois séculos um homem teria sido queimado como herege por possuir opiniões em matéria de religião tais como as que são publicamente escritas e publicadas hoje em dia. Eram homens passíveis de erro, e tomamos a liberdade não apenas de divergir deles em opinião religiosa, mas de condená-los, e também as suas opiniões. [...] Em Nova York, um homem pode tratar com familiaridade o seu Deus, mas tem de tomar especial cuidado com o que diz de seu governador.

Quem é, por menos conhecimento que tenha de História e de Direito, que pode ignorar os pretextos plausíveis que, frequentemente, têm sido utilizados por poderosos para implantar o governo arbitrário e destruir as liberdades de um povo livre. [...] É um dever que todos os homens dignos têm para com seu país o de precaverem-se contra as influências infelizes de homens maus quando lhes é confiado o poder e, especialmente, contra suas criaturas e seus dependentes, que, sendo geralmente mais necessitados, decerto são mais ambiciosos e cruéis.

> Homens que lesam e oprimem o povo sob sua administração forçam-no a protestar e queixar-se; e então tornam essa própria queixa a base para novas opressões e perseguições.[118]

O advogado de defesa do editor tinha ciência da natureza política da causa. Não discutia apenas a situação do editor, mas tratava de algo bem mais profundo: da liberdade, do poder de dizer a verdade, de criticar o governo.

O tribunal, absolutamente favorável ao governador britânico, requereu ao júri que se pronunciasse somente quanto ao fato de Zenger ter imprimido o periódico, o que bastaria para que fosse reconhecido como culpado. O júri se reuniu e, rapidamente, voltou com o veredicto. Foi indagado ao porta-voz dos jurados se "John Peter Zenger era culpado por imprimir e publicar os libelos em seu jornal". A resposta veio de pronto: "Inocente."

O salão de julgamento estava lotado. O caso era acompanhado com atenção por toda a colônia.

O precedente ganhou força. A verdade é um argumento fundamental quando se analisa a acusação de calúnia. Fazia-se necessário apreciar os fatos, as circunstâncias, para se atingir um veredicto honesto. O cidadão podia criticar o governante, mormente se a crítica fosse fundamentada. Acima de tudo, não se admitia a arbitrariedade. A liberdade era um valor fundamental. Um advogado corajoso garantiu a prevalência da justiça.

Sem faltar com o respeito (nem menosprezar) outras atividades profissionais, a advocacia, entre todas, foi a que mais prestou serviços à civilização. A advocacia, afinal, tratou de garantir a liberdade, de proteger a dignidade, permitiu a vida coletiva com segurança. Ao longo da história, a atuação dos advogados — como Cícero, Thomas Jefferson, Gandhi e Nelson Mandela — construiu um legado civilizatório.

---

118 Aptheker, Herbert. *Uma nova história dos Estados Unidos: a Era Colonial*. Rio de Janeiro: Editora Civilização Brasileira, 1967, p. 146-147.

A importância dessa atividade profissional se verifica nos pequenos e grandes feitos, auxiliando a sociedade e seus integrantes a conviver e a proteger seus interesses.

Um mundo sem advogados seria aquele sem liberdade, sem garantias mínimas no qual ninguém poderá dizer o que pensa ou defender seus legítimos interesses.

O advogado deve ter fé na justiça e apresentar ao seu assistido essa verdade. Se o advogado deixa de acreditar no Direito como forma de chegar à justiça, será como o sacerdote que não crê no seu Deus — e promove os rituais fria a cinicamente.

A justiça está sempre sob ameaça. O papel do advogado é encontrá-la, mesmo na escuridão. Se for necessário — e muitas vezes é —, deve lutar por ela.

Nessa toada, eis mais um dos mandamentos referidos por Eduardo Couture:

> 8º Tem fé
> Tem fé no Direito como o melhor instrumento para a convivência humana; na justiça, como destino normal do Direito; na paz, como substituto benevolente da justiça; e, sobretudo, tem fé na liberdade, sem a qual não há Direito, nem justiça, nem paz.

Quando me formei em Direito, meu pai me deu um valioso conselho — o melhor conselho profissional que recebi até hoje: o bom advogado é aquele que resolve o problema dos seus clientes. O meu velho me garantiu que, se eu estivesse sempre atento ao problema de quem me procurou, eu iria bem na advocacia. Ele estava coberto de razão. Esse conselho, com a voz do meu pai, reverbera quase todos os dias na minha mente.

O advogado jamais deve perder de vista o motivo pelo qual foi procurado. Seu propósito é ajudar o cliente a encerrar tema que o aflige. Deve fazer isso, adotando seus melhores esforços, valendo-se de seu conhecimento humanístico e técnico, sem ceder nas questões éticas.

Vale, ainda, lembrar que o cliente poderia ter procurado outro profissional. Há muitos advogados disponíveis. Ao escolher certo profissional, o cliente o honra. Deve-se, portanto, dignificar a escolha e a confiança depositada.

"No futuro, não haverá advogados", dizem os que acreditam que a inteligência artificial dominará a atividade humana. Já existem hoje programas de computador de alta tecnologia, dotados de sistemas cognitivos sofisticados, que permitem à máquina, a partir de uma capacidade enciclopédica, arquivar informações, compreender e se comunicar com o homem.

Para muitos, o sinal do fim da primazia do *Homo sapiens* sobre a máquina foi dado em 1997, quando aquele que provavelmente foi o maior enxadrista de todos os tempos, o russo Garry Kasparov, um gênio do jogo, perdeu uma disputa para um computador, o Deep Blue. Um programa técnico, desprovido de intuição e paixão, mas capaz de analisar uma infinidade de alternativas e antecipar seus resultados, jogava xadrez melhor do que o campeão dos humanos.

Atualmente, uma nova geração tecnológica, a computação cognitiva interage diretamente com o homem: certo tema é proposto à máquina, que, munida de muito mais informação do que qualquer pessoa — ou mesmo qualquer grupo — poderá assimilar ou dominar, oferecer ideias, respostas, diferentes formas de enfrentar e resolver a questão. Em breve, o computador adota uma postura ativa: a máquina não apenas responderá a um questionamento, mas também tomará decisões, indicará caminhos alternativos, emitirá opiniões.

Num futuro assustadoramente próximo, quem quer que tenha uma dúvida jurídica explicará o caso a seu computador, que, consultando sua infinita base de dados, responderá à indagação e apontará a solução fornecida pelo ordenamento jurídico. Seguramente, haverá um segundo programa tecnológico, que apresentará formas de burlar o sistema, a fim de que o interesse de quem o consulta prevaleça, mesmo sendo a pretensão contrária à lei. Então, surgirá mais um terceiro, dedicado a evitar o uso do segundo...

Os advogados, numa hipótese defendida por alguns, seriam substituídos, com vantagem, por um programa de computador, que forneceria uma orientação mais técnica e precisa aos interessados.

Para complicar, a inteligência artificial tomaria conta de toda e qualquer atividade humana, pois o que se previu acerca dos advogados se aplicaria também aos médicos, economistas, engenheiros e professores. Para os "dataístas", esse sistema de processamento de dados absolutamente eficiente, em algum momento no futuro, tornará a maioria esmagadora dos serviços prestados pelo homem algo obsoleto e desnecessário.

Será esse o destino dos advogados?

Como um "juiz-robô" apreciaria a aplicação de leis nazistas, se ele fosse programado por nazistas? Possivelmente, a indicação do autômato seria pela legalidade das normas que amparavam o preconceito.

A máquina já consegue fazer um poema. Um programa tecnológico sofisticado. Admitamos que esse poema seja primoroso. É, entretanto, um poema programado. Um verso estudado, fruto de uma atividade, em última análise, meramente racional. Poderá o computador sentir a necessidade de escrever um poema? Será o computador arrebatado por uma paixão ou uma angústia tão forte a ponto de o impelir a extravasar sua emoção em versos?

A aptidão de sentir, nas suas onímodas formas, nos distingue das máquinas. Um programa de computador pode ser elaborado a fim de criar uma empatia com quem ele interagir. Trata-se de uma empatia artificial. Não há sentimento, mas apenas a sua aparência.

Um bom programa de computador poderá responder a uma questão jurídica. Saberá dizer qual o prazo máximo para questionar certo Direito, quais as consequências do descumprimento de determinado contrato, como se dividem os bens do falecido ou se já correu o prazo para se cobrar uma dívida. Porém a inteligência artificial jamais compreenderá verdadeiramente a angústia dos injustiçados. O computador pode identificar a injustiça, mas não será capaz de senti-la. Nesse ponto, os advogados, promotores e juízes são insubstituíveis.

A atuação dos homens dedicados ao Direito não se aperfeiçoa apenas com informações. São necessários valores. O melhor aluno da turma do curso jurídico não será necessariamente o melhor advogado ou juiz. O melhor profissional será aquele que compreender os valores protegidos pelo ordenamento jurídico e se sensibilizar com quem solicita sua ajuda.

Evidentemente, a tecnologia altera profundamente nosso dia a dia. Embora possa haver alguma nostalgia dos tempos em que não carregávamos um telefone no bolso, a proliferação dos "celulares" facilitou extraordinariamente a comunicação e o acesso à informação. É causa perdida lutar contra essas mudanças — afinal, como cantou Belchior, "o novo sempre vem".

Essas novidades, de variadas formas, alteram a atividade dos profissionais. No caso da advocacia, não é diferente; por conta da tecnologia, fazemos reuniões e despachos de forma remota, além de ser possível colher uma quantidade imensurável de informações, em tempo instantâneo. A advocacia ganhou dinamismo, atingindo uma velocidade nem sempre saudável.

Com efeito, pelos mais diversos motivos, a atividade do profissional se transforma no curso do tempo. O cozinheiro segue preparando a comida, mas ele não tinha, há duzentos anos, sequer uma geladeira, um liquidificador ou uma batedeira, entre outros aparelhos, hoje considerados banais, para executar seu mister. O mesmo se pode dizer do dentista, do atleta, do bombeiro, do médico e do arquiteto. Assim também se passa com o advogado.

Essa alteração se opera não apenas pelo advento da tecnologia ou de outros aspectos, mas também pela alteração de alguns valores acolhidos pela sociedade.

A sociedade está viva e em constante mutação. Certos valores, em dado momento histórico predominantes, podem, em outra época, receber o repúdio da mesma sociedade. Tome-se o machismo como exemplo. No Brasil, há cem anos, as mulheres não podiam votar e tinham, por disposição legal, uma posição de submissão e dependência em relação aos seus maridos. Hoje — ainda bem! —, a nossa sociedade caminha em direção oposta, abandonando, por completo, essa ideia preconceituosa e obtusa.

A advocacia, como atividade essencial à garantia de uma sociedade livre e justa, deve sempre manter-se próxima dos valores acolhidos pela comunidade. Diante disso, é sua função quedar vigilante e sensível às mudanças — pois o que não muda é que tudo muda.

Jesus, no famoso Sermão da Montanha, anuncia que não viera para "revogar a lei ou os profetas". Jesus não modifica o Decálogo. Antes pelo contrário: confirma-o. Entretanto, registra que a lei vale menos se não for cumprida com o coração. Essa forte mensagem consiste em compreender que a regra ganha o seu verdadeiro sentido quando aliada ao espírito. Jesus pregava que esse espírito era o amor. Assim, a norma deveria ser interpretada e cumprida com amor — e só o amor garantiria a conformidade com a intenção.

Como explicar a uma máquina que ela deve amar? Como incutir sentimentos em um programa de computador? O sentimento sincero é próprio da humanidade.

A atuação dos homens dedicados ao Direito não se aperfeiçoa apenas com informações. São necessários valores. O melhor aluno da turma do curso jurídico não será necessariamente o melhor advogado ou juiz. O melhor profissional será quem compreender os valores protegidos pelo ordenamento jurídico.

E, assim, a própria humanidade justifica a necessidade de advogados humanos.

Num futuro próximo, as máquinas farão o trabalho de quase todos os homens. Na advocacia, não será diferente. Um programa de computador, depois de receber os dados da causa e ser apresentado à pretensão, apresentará, em fração de segundo, um documento esmerado, valendo-se da doutrina e da jurisprudência pertinentes, que constam de sua quase infinita base de dados. Nenhum ser humano seria capaz de fazer mais rápido. Dificilmente, alguém teria a lembrança e conhecimento de tantos acórdãos pertinentes como os lançados pela máquina.

Cabe ao profissional do Direito adaptar-se à nova realidade. Aprender a lidar com as vantagens advindas dos avanços tecnológicos, sem acomodar-se na aparente facilidade da inteligência que — como ela própria se define — é "artificial".

No mundo contemporâneo, a atividade dos advogados segue tão importante para a sociedade como foi ao longo da história.

O ser humano, contudo, terá sempre um ponto de vantagem: a verdadeira empatia. Com base nesse sentimento, a atuação do advogado fará toda a diferença, pois ele ficará sensível aos anseios de seu cliente. Deve ser, como nos versos da canção de Roberto e Erasmo, o "amigo certo das horas incertas".

O advogado deve ter presente, numa vigília constante, sua função de agente social. Para isso, é fundamental manter aceso seu espírito crítico. Afinal, ele não é somente um cumpridor da lei, mas também — e sobretudo — um crítico da lei.

Em 1899, o escritor norte-americano Elbert Hubbard publica um curto ensaio no periódico *The Philistine*, de pequena circulação. O texto cuida de um episódio da guerra entre Espanha e Estados Unidos, ocorrida em 1898, em decorrência da intervenção americana no movimento de independência de Cuba, até então uma colônia espanhola. O conflito durou apenas dez semanas, com um desfecho favorável aos norte-americanos que, assinando o Tratado de Paris, passaram a ter controle sobre Cuba, além de terem recebido, por cessão, os territórios de Porto Rico, Filipinas e Guam.

Ocorreu que, no meio da contenda, era fundamental aos norte-americanos se comunicarem com o líder dos insurretos, o general Calixto García, cujo paradeiro se ignorava. García estava escondido em algum lugar do sertão cubano. Naquele momento crítico, não era possível mandar uma mensagem por correio. Era necessário enviar alguém para Cuba e encontrar o general insurgente. Uma missão dificílima, considerada, contudo, essencial pelo presidente William McKinley.

Foi então que alguém — o texto de Hubbard não identifica quem — sugeriu ao presidente McKinley que contatasse um oficial chamado

Andrew Summers Rowan, pois esse seria o homem apropriado para a árdua tarefa.

O presidente norte-americano simplesmente deu uma ordem a Rowan: a carta fechada que lhe foi entregue deveria chegar às mãos de García. Uma ordem simples e direta. O presidente não ofereceu qualquer outra explicação ou esclarecimento. O oficial, sem nada questionar, guardou a carta em seu próprio peito e seguiu para Cuba. Rowan não perguntou sequer onde García estaria, muito menos quis saber qual era o conteúdo da missiva.

Cruzando o mar numa embarcação rústica, Rowan desembarcou em Cuba numa noite escura. Sem chamar atenção, cruzou o país em guerra até encontrar o esconderijo do general García, a quem entregou a carta. Missão cumprida. A transferência das informações foi crucial para o êxito norte-americano.

No trabalho de Hubbard, Rowan é exaltado como uma pessoa determinada, resiliente, cumpridora de seus deveres. O mensageiro era o paradigma. "Não é sabedoria livresca que a juventude precisa, nem de instrução sobre isso ou aquilo. Precisa, sim, de um endurecimento nas vértebras, para poder mostrar-se altiva no exercício de um cargo; para dar conta do recado; para, em suma, levar uma mensagem a García",[119] pontificou Hubbard.

O texto se transformou num fenômeno. O episódio, com aura de fábula, era reiteradamente repetido, adotado como referência de comportamento. Uma exaltação à virtude da obediência.

Em 1913, no novo prefácio à obra feito pelo próprio autor, informa-se que o ensaio fora traduzido para diversas línguas e atingido tiragem de mais de 40 milhões de exemplares — isso em 1913!

Muito se discute acerca da acuidade histórica dos dados contidos no trabalho original de Hubbard — e, até mesmo, acerca da referência jactante feita por ele acerca dos milhões de exemplares vendidos de sua obra. Não se disputa, contudo, que a história ganhou extraordinária

---

119 Hubbard, Elbert. *Uma mensagem a Garcia*. Belo Horizonte: Itatiaia, 2000, p. 16.

fama. A expressão "enviar uma mensagem a García" tornou-se conhecida: significa aceitar, de forma irresignada e sem questionamentos, uma missão difícil e adotar todos os esforços para cumpri-la. O oficial Rowan e seu propósito ferrenho de cumprir os deveres a ele apresentados tornaram-se paradigmas.

O mundo girou. Hoje vivemos o tempo das indagações. Vale, então, a pergunta: a conduta de Rowan continua servindo de modelo nos nossos dias? O enaltecimento de quem cumpre uma missão sem questionamentos convém à atualidade? Rowan é um herói ou uma referência ultrapassada?

Não custa lembrar que, entre 1899, data da publicação do texto de Hubbard, e os nossos dias, deu-se o emblemático julgamento de Nuremberg, no qual a defesa dos oficiais nazistas, que cometeram as mais sórdidas atrocidades, se centrava no fato, verdadeiro, de que eles cumpriam ordens de seus superiores. A defesa não vingou. Cumprir ordens absurdas e desumanas não absolve, muito menos faz de alguém herói. Mudou o paradigma: se a ordem é disparatada, o mérito está em questioná-la e, no limite, recursar seu cumprimento.

Antígona, personagem icônica da peça clássica do grego Sófocles, levada ao palco há mais de dois mil e quinhentos anos, pode ser considerada o contraponto ao oficial que levou a mensagem a García. Isso porque Antígona, na peça que tem seu nome, não aceita a ordem de Creonte, seu tio, senhor de Tebas, que proibiu o sepultamento de Polinices, irmão dela. Antígona não se conforma com a regra, que ela considera desumana. A heroína viola o édito e enterra o irmão. Assume, corajosamente, sua conduta, explicando os motivos de sua irresignação. Sofre a pena, morrendo emparedada. Antígona, desde então, serve de exemplo de compromisso com a consciência e de luta pela justiça.

Numa sociedade dominada por tiranos, na qual se deseje evitar o debate, certamente o oficial da história de Hubbard funciona como modelo. Contudo, se se estimula o espírito crítico, a troca de opiniões e a liberdade de expressão, é razoável — e até mesmo saudável — que se controverta uma ordem. Como ensinou Miguel de Unamuno, "fé sem dúvida é fé morta". Para que a fé se agigante e ganhe consistência, ela precisa ser questionada. Do contrário, ela perde o vigor. As melhores regras são aquelas que, mesmo disputadas, revelam sua força pela razão e, assim, ganham legitimidade para prevalecer.

No referido *Cartas a um jovem poeta*, Rilke recomenda: cultive as dúvidas, pois as dúvidas ensinam. Eis a lição do poeta: questione, reflita, pense.

No mundo pós-guerra, ainda aprendendo a conviver com o vendaval da revolução tecnológica, melhor que as pessoas se posicionem, tenham uma opinião. Numa sociedade sadia, se alguém solicita ou mesmo ordena que uma mensagem seja entregue a García, cabe indagar: quem é García? Qual a mensagem? Qual o sentido da missão?

Novos tempos exigem novos modelos de herói. Quem melhor se adequa aos valores de hoje: o submisso cego e irresignado ou o questionador (que quer encontrar algum sentido para suas ações)? Buscar compreender as regras não significa rebeldia — ao contrário, representa responsabilidade.

Numa guerra, o melhor soldado é aquele que argumenta e compreende o sentido das ordens; tanto porque, dessa forma, sua luta ganha força (com os atos fortalecidos pelo apoio da consciência), como porque, expressando sua inteligência e senso crítico, ele pode aprimorar a ordem e, em última análise, a própria corporação.

Será que, nos nossos dias, com o soldado contestador, a mensagem chegaria a García? Sim, possivelmente, sim. Contudo, para isso, o presidente norte-americano teria de explicar ao oficial Rowan qual era o sentido daquela missão. Rowan avaliaria os riscos, compreenderia a relevância de seu ato. Tudo ponderado, o oficial seguiria na missão. Haveria uma mudança de comportamento de quem emana a ordem e de quem a recebe. Uma relação mais respeitosa. O mundo, hoje, demanda esse diálogo.

Os "chefes", os professores, as autoridades não devem, simplesmente, determinar que uma mensagem seja entregue a García. A força não está — e não deve mesmo estar — em quem exerce o poder: a verdadeira força deve estar na mensagem. Mais especificamente, segundo

Antonio Candido, a estrutura do mando pressupõe "um princípio geral que o justifica; uma função que o encarna; uma pessoa que o exerce."[120]

O advogado deve manter a independência e senso crítico para questionar as "ordens" que recebe. O adequado filtro dos comandos se materializa com a sólida formação humanística, que permitirá distinguir com nitidez o certo do errado. O progresso requer transformação — e, logo, espírito questionador.

Na religião somos educados a acreditar e, apenas depois, raciocinar sobre as crenças. Na atividade do advogado, devemos seguir o caminho inverso. Primeiro, pensamos, raciocinamos, formamos um juízo crítico sobre os fatos e as circunstâncias. Apenas depois, acreditamos. Esse exercício nos permitirá uma apreciação serena e uma reação mais eficaz aos acontecimentos.

Num mundo dominado por paixões e por interesses menores, advogados serviram e servem como alicerces, guardas protetores dos valores — tais como liberdade, igualdade e justiça — fundamentais à construção de uma sociedade sadia.

"A primeira coisa a fazer é matar todos os advogados."[121] Eis uma das citações mais conhecidas do cânone shakespeariano, repetida incansáveis vezes em variadas ocasiões para provocar os causídicos.

Essa "ordem", contida na Parte II do drama histórico *Henrique IV*, é dita por Dick, o açougueiro, um dos revoltosos, para um grupo de revolucionários que busca tomar o poder violentamente. Ao contrário do que pode parecer, no contexto, a passagem é um elogio aos advogados. Afinal, o desejo dos perturbadores era o de romper com o *establishment*. Para eles, a melhor forma de acabar com a ordem estabelecida seria matar os advogados, exatamente aqueles que conheciam as leis e, logo, poderiam proteger a higidez do ordenamento. Shakespeare reconheceu a importância dos advogados: sem eles, reinaria o caos.

---

[120] Candido, Antonio. "A culpa dos reis: mando e transgressão no Ricardo II". In: Novaes, Adauto (org.). *Ética*. São Paulo: Secretaria Municipal de Cultura/ Companhia das Letras, 1992, p. 89.

[121] "*The first thing we do, let's kill all the lawyers.*" (*Henrique IV,* Parte II, Ato IV, Cena 2)

# Não seja advogado dentro de casa (ou: tem hora para tudo)

Comumente, ouvimos a seguinte pérola de sabedoria: "O que você quer: ter razão ou ser feliz?" Essa provocação é pertinente. Numa armadilha comum, ingressamos em debates desnecessários, apenas para fazer prevalecer nossa opinião. Os advogados, por cacoete da profissão, adestrados a vencer as discussões, ficam suscetíveis ao vício de debater sempre.

Contudo, antes de ser advogado, há ali um ser humano, que, para desfrutar de uma vida saudável, precisa conviver em harmonia, ser gentil e educado com as pessoas ao seu redor e comprometido em aprimorar a sociedade. Ninguém suporta por muito tempo a pessoa que discute por tudo e não consegue ceder. O "dono da verdade" é, convenhamos, um chato. A advocacia tem hora.

Com o armamento dialético de que dispõe, o advogado, numa conversa corriqueira, pode tentar "massacrar" seu oponente. O que ele ganha com isso?

O bom advogado — ou melhor, o bom ser humano — separa o joio do trigo. Na vida pessoal, ele deve ficar feliz em perder discussões, até porque ninguém saudável está certo sempre. Antes, citou-se o romano Quintiliano, mestre da arte da oratória. Ele próprio reconhece que "sustentar obstinadamente um erro, particularmente depois de comprovado, torna-se um novo erro."[122]

Em contrapartida, não é verdadeiro imaginar que um advogado consiga simplesmente se desligar de todas as questões profissionais quando vai para casa. Quando uma pessoa confia a um advogado a solução de um problema, aquele tema acompanha o profissional aonde quer que ele vá. Naturalmente, a questão não pode sufocar o profissional, a ponto de ele sequer conseguir raciocinar. Entretanto, é comum o argumento de uma causa surgir em momentos inusitados, enquanto se toma banho ou se escova os dentes, por exemplo.

O ideal é encontrar um caminho sadio, que, fora da vida profissional, se possa conversar sem querer convencer, descansar, sem se afogar nos temas que lhe foram submetidos. Como questiona o Evangelho de Mateus (16:26), "de que adianta ao homem ganhar o mundo, se ele perde a sua alma?".

Acima de tudo, fora do ambiente profissional, o advogado deve buscar ser uma pessoa boa e afável, solícita e transparente, pois, afinal, a bondade é uma forma superior de justiça. Principalmente, buscar uma via leve de encarar os desafios da vida. Um caminho que costuma funcionar é o de não se levar muito a sério e rir de si próprio.

O nono mandamento referido por Eduardo Couture se relaciona à vida pessoal do causídico. Ensina o mestre uruguaio:

> 9º Esqueça
>
> A advocacia é uma luta de paixões. Se a cada batalha fores carregando tua alma de rancor, chegará o dia em que a vida será impossível para ti. Terminado o combate, esquece logo tanto a vitória quanto a derrota.

Na sua vida profissional, o advogado experimenta momentos de furiosa euforia, diante de resultados positivos, e decepções que o aproxi-

---

[122] Quintiliano, Marco Fábio. *Instituição oratória*, Tomo II. Campinas: Unicamp, 2015, p. 535.

mam da depressão, quando sofre reveses. Por vezes, esses sentimentos opostos surgem com a distância de poucas horas.

Embora o advogado não deva estar insensível a essas emoções, faz parte de seu amadurecimento suportá-las e absorvê-las. Acima de tudo, esses sentimentos não podem paralisar sua trajetória, estorvar seu juízo sobre outros temas. Resultados passados são professores, alguns ensinam pelo lado positivo, e devemos buscar seguir as lições, porém outros instruem pelo aspecto negativo — e inteligente será quem se conscientizar para jamais repetir a experiência.

Nesse ponto, com o mundo tomado pelo imediatismo e pela ansiedade coletiva, marcado pela pressa com que se demandam respostas, cabe ao profissional do Direito refletir, com constância, para que o urgente não tome o lugar do necessário.

## Nota do autor

Meus pais se conheceram na faculdade de Direito. Era uma época turbulenta da nossa história. No meio do curso deles, os militares tomaram o poder no país. A liberdade, em suas diversas formas de expressão, foi severamente tolhida. Para a sociedade — e, especialmente, para os estudantes de Direito —, a situação se colocava como um desafio. Deveriam reagir? Como reagir? Como um estudante de Direito, naquele momento, poderia enfrentar o sistema? Qual o sentido de estudar Direito se o Estado não respeitava as garantias básicas do cidadão?

Naquele momento, meus pais não ficaram indiferentes ao que acontecia. Engajaram-se no movimento estudantil. Tiveram perdas — meu nome, José Roberto, é homenagem a um amigo deles, que tombou, pouco antes de meu nascimento, vítima da ditadura. Meus pais seguiram seus caminhos profissionais. Nenhum dos dois abraçou a advocacia, embora minha mãe, logo após a conclusão de seu curso, tenha ingressado na magistratura — e a ela se dedicou, de corpo e alma, até se aposentar, muitas décadas depois. Da forma deles, ajudaram a construir um mundo melhor.

No Brasil, durante o regime militar, os advogados assumiram posições corajosas. A Ordem dos Advogados do Brasil denunciou violações e injustiças. Advogados lideraram o reencontro do país com a democracia.

A quase totalidade dos amigos de meus pais, os adultos com quem interagi na infância e adolescência, era formada por advogados e juízes. Eu os ouvia admirado contando seus casos ou mesmo defendendo suas opiniões. Convivi, menino ainda, com Carlos Eduardo Bosísio, Eduardo Seabra Fagundes, Sergio Bermudes, Hélio Saboya, José Paulo Sepúlveda

Pertence, Frederico Gueiros, Carlos Maurício Martins Rodrigues, Marcello Cerqueira, entre outros grandes advogados, muitos dos quais frequentavam a minha casa assiduamente. Aquela geração tomava uísque! Ficava admirado com as histórias, com a eloquência, com a cultura e com o senso de humor.

Não consigo lembrar-me de algum evento específico que me fez decidir pela advocacia. Possivelmente, por conviver com pessoas que respiravam o mundo jurídico, seguir essa profissão foi, na minha experiência, algo natural.

Livros sempre foram grandes companheiros para mim. Ouvir uma história e, por vezes, passá-las adiante, foi, desde muito jovem, uma fonte de prazer. Esse hábito da leitura, uma paixão herdada dos meus pais — talvez um vício genético, no meu caso —, também me levou ao curso das ciências jurídicas.

Gostava das indagações e questionamentos que advinham das possíveis interpretações de textos. Adorava escrever. No colégio, todas as matérias me interessavam. Poderia ter passado o resto da vida estudando português, geografia, matemática, biologia, física e química. Entretanto, de longe, história e literatura eram as cadeiras que mais me fascinavam. Minha curiosidade fazia com que eu lesse até o fim os livros de história, muito antes de o assunto ser examinado em sala de aula. Quando o professor começava a falar da Inconfidência Mineira, eu já me encontrava examinando, nos meus estudos, a revolta tenentista...

Esse prazer da leitura e a curiosidade intelectual eram outros vetores que me encaminharam para o Direito.

Havia, naquele momento do fim da vida colegial e início da faculdade, outro fato peculiar: meu ingresso na faculdade de Direito e o advento da Constituição Federal se deram em 1988.

Eram outros tempos. Outros desafios. Havia um horizonte bem mais acolhedor do que aquele vislumbrado pelos meus pais na faculdade. Os advogados enfrentavam embates d'outrora, num Brasil ainda em construção.

Para um jovem, enxergar o horizonte aberto, cheio de possibilidades, é o maior estímulo. Assim era o Brasil de 1989. Havia uma nova Constituição e, naquele ano, depois de décadas, elegeríamos democraticamente o presidente do país.

A Constituição é um documento jurídico, elaborado a partir de conceitos legais. Imaginava, naquele momento, que estudar Direito me faria conhecer minhas prerrogativas como cidadão — e, com isso, estenderia minha situação na sociedade e no mundo.

Minha mãe, além de juíza, era professora universitária — outro exemplo que acabei seguindo. Tanto no magistério como na magistratura, mamãe era um modelo de dedicação. A barulhenta máquina de escrever não parava. Havia sempre uma pilha de autos em casa. Lembro-me da rotina de colocar o papel timbrado do tribunal na antiga máquina de escrever, para que ela, incansável, produzisse sentenças e votos. Recordo-me com perfeita nitidez das cenas em que ela preparava aulas e corrigia provas. Nunca vi minha mãe demonstrar algum tédio com o trabalho. Era um prazer. Não imagino melhor exemplo.

Ingressei na Universidade do Estado do Rio de Janeiro, na época possivelmente a mais conceituada escola de Direito da minha cidade — a mesma onde se formaram meus pais.

Comecei a estagiar num movimentado escritório de contencioso uma semana antes do primeiro dia de aula. Era a ansiedade de um jovem agitado, ávido por conhecer. Clientes, juízes, adversários, petições, sustentações, teses e "contrateses", tudo me fazia vibrar. Logo, concluí que aquela seria a minha vida.

Logo no início da carreira fui submetido à maior glória da advocacia — uma espécie de entorpecente altamente viciante: a suprema alegria de ajudar alguém com um problema. Para mim, a grande recompensa da advocacia é receber um agradecimento sincero, proveniente de quem se socorreu.

Depois de ganhar alguma experiência, associei-me a colegas pelos quais nutria profunda admiração e afeto para, juntos, formar uma banca de advocacia. Meus primeiros sócios eram meus ídolos: Marcelo Ferro,

Daltro Borges e Luiz Bernardo Rocha Gomide. Outros grandes advogados, com quem aprendo diariamente, se uniram: Alice Moreira Franco, Eduardo Pecoraro, Pedro de Alencar Machado, Luciano Gouvêa Vieira, Marcos Pitanga Caeté Ferreira, Gustavo Birenbaum, Marcelo Lopes, Pedro Ivo Bobsin, Rodrigo Cogo, Simone Barros, Francisco Gracindo, Luis Roberto Sigaud Cordeiro Guerra, Paulo Renato Jucá, Thiago Peixoto Alves, Karina Goldberg, Gabriel Ribeiro Prudente, Antonio Pedro Garcia de Souza, Leonardo Marins, Felipe Fernandes Basto, Miguel Wehrs Fleichman, Natália Mizrahi Lamas, Tiago Muñoz, Jozi Uehbe, Francisco Rüger Antunes Maciel Müssnich, João Pedro Martinez Pinheiro, André Silva Seabra, Ana Carolina Catarcione Schmidt, Paula Miralles de Araujo, Luiz Carlos Malheiros França, João Felipe Martins de Almeida, Luiza Peixoto de Souza Martins, Ana Carolina Gonçalves de Aquino, Patricia Klien Veja, Julia Grabowsky Basto Fleichman, Renato Fernandes Coutinho, Pedro Otavio de C.B. Pacífico, João Felipe Lynch Meggiolaro, Pedro Bueno do Prado Ferro, Marcelo Mattos Fernandes, João Gabriel Scarpellini Campos, Beatriz F.C. de Castro Menezes, Rafael dos Reis Neves, Luiz Felipe Goes de A.M. de Almeida, Fernanda Coachman, Pedro Della Piazza de Souza, Enrico Mazza, Rodrigo Corrêa Rebello de Oliveira, Carolina Monteiro Ferreira, Fabrizio dos Santos Garbin, Helena Acker Caetano, Carlos A.L. Thompson-Flores, Louise Salina Walvis, Gustavo Henrique de Sales, Mário Pimenta Camargo Neto, Miguel Martins Gurgel Fernandes, Amilcar Burlamaqui de C. Vianna, Bruno Vicente Grando Monteiro, Fernanda Anuda Marcondes de Carvalho, Edson B. Júnior, Mariana Martins-Costa Ferreira, Georgia Leão, Fernanda Frisch Rozes Dawidowitsch, Vitor de Paula Ribeiro de Oliveira, Conrado van Erven, Matheus Barros de Arruda Fonseca, Gabriel Joseph Leal D'Andrea, Diana Lise Freitas, Daniela Duwe, Natalia Gisela Prates de Oliveira, Letícia Guimarães de Carvalho Lage, Felipe Rahuan Sogayar e Eric Mendes Bastos Weiss. A eles dedico este trabalho, como reconhecimento e gratidão.

Agradeço ainda as iluminadas sugestões que recebi de Paulo César de Barros Mello, Luiz Bernardo Rocha Gomide e Patricia Klien, que leram os originais.

Num mundo em ebulição, com tantas informações que nos chegam sem filtros diuturnamente, é necessário encontrar padrões que mantenham coesa a civilização. Numa sociedade com infinitas fontes, o papel dos advogados ganha nova importância.

Numa atividade que não pode dissociar-se da ética, a advocacia, nestes dias, ganha uma dimensão única, necessária para iluminar o caminho da legalidade.

Se, hoje, tivesse de escolher novamente uma profissão, a depeito de todas as dificuldades da advocacia, faria a mesma escolha que fiz ainda no colégio.

Observo, todos os dias, um horizonte aberto de possibilidades na advocacia.

Havia desafios quando ingressei na faculdade. Já superei alguns deles. Enxergo outros e sei que ainda encontrarei muitos mais. Como no poema de Fernando Pessoa, busco fazer castelos com as pedras que acho pelo caminho.

Etimologicamente, a palavra "trabalho" tem origem no latino *tripalium*: um instrumento de tortura. Mais precisamente, três paus colocados no pescoço de uma pessoa. Um flagelo. O trabalho, portanto, era associado a um suplício, notadamente quando figura como antagonista ao *dolce far niente*.

Lamento essa origem etimológica. Falo por quem ama a sua atividade profissional: trabalho é um prazer, uma realização, um meio de se sentir útil socialmente e de alimentar, de forma saudável, sua autoestima.

Tenho profundo orgulho da minha profissão de advogado principalmente porque vejo, na prática, como ela ajuda outras pessoas. Por meio da minha atividade, sinto-me útil.

Este trabalho busca resumir, principalmente para os mais jovens e aqueles que pretendem ingressar na carreira, os desafios da profissão e iluminar o caminho do bom advogado, consciente de sua responsabilidade social.

Nenhum dos meus filhos seguiu a carreira jurídica. Nada que desabone a eles ou a mim. Cada um tem o seu caminho — e é melhor que seja assim. De toda forma, termino com o último dos mandamentos da advocacia, segundo Eduardo Couture:

> 10º Ama a tua profissão
> Procura considerar a advocacia de tal maneira que, no dia em que teu filho peça conselhos sobre seu futuro, consideres uma honra para ti aconselhá-lo que se torne advogado.

# Obras consultadas

AHRENS, Enrique. *Historia del Derecho*. Buenos Aires: Editorial Impulso, 1945.

ALMEIDA PRADO, Lídia Reis de. *O juiz e a emoção*. 3ª ed. Campinas: Milenium, 2005.

ARAMBURO, Mariano. *Filosofia del derecho*, Tomo Primero. Nova York: Instituto de Las Españas en los Estados Unidos, 1921.

ARISTÓTELES. *Ética a Nicômacos*. 3ª ed. Brasília: Editora da Universidade de Brasília, 1999.

_____. *Retórica*. São Paulo: Edipro, 2011.

_____. *Ethics*. London: Penguin, 1956.

_____. *Aristotle's Poetic & Rhetoric*. London: J. M. Dent & Sons Ltd., 1953.

BARBOSA, Rui. *Oração aos moços*. 5ª ed. Rio de Janeiro: Edições Casa de Rui Barbosa, 1999.

_____. *O dever do advogado*. 2ª ed. Bauru: Edipro, 2007.

BARRETO, Vicente de Paula; GOMES, Abel Fernandes. *A ética da punição*. Rio de Janeiro: Lumen Juris, 2018.

BARROSO, Luís Roberto. *Sem data vênia: um olhar sobre o Brasil e o mundo*. Rio de Janeiro: História Real, 2020.

BAUMAN, Zygmunt. *44 cartas do mundo líquido moderno*. Rio de Janeiro: Zahar, 2011.

_____. *Ética pós-moderna*. São Paulo: Paulus, 1997.

BIERCE, Ambrose. *Dicionário do Diabo*. 2ª ed. São Paulo: Carambaia, 2023.

BIGNOTTO, Newton. "As fronteiras da ética: Maquiavel". In: NOVAES, Adauto (org.). *Ética*. São Paulo: Companhia das Letras, 2007

BONAPARTE, Napoleão. *A arte da guerra e da liderança*. Rio de Janeiro: Nova Fronteira, 2021.

BRETONE, Mario. *Histoire du droit romain*. Paris: Delga, 2016.

BUCCI, Eugênio. *Sobre ética e imprensa*. 2ª ed. São Paulo: Companhia das Letras, 2000.

BURKE, Peter. *A arte da conversação*. São Paulo: Editora da Universidade Estadual Paulista, 1995.

_____. *Ignorância: uma história global*. São Paulo: Vestígio, 2023.

CALAMANDREI, Piero. *Êles, os juízes, vistos por nós, os advogados*. 3ª ed. Lisboa: Livraria Clássica Editora, 1960.

CANDIDO, Antonio. "A culpa dos reis: mando e transgressão no Ricardo II". In: Novaes, Adauto (org.). *Ética*. São Paulo: Secretaria Municipal de Cultura/ Companhia das Letras, 1992, p. 89.

CARNELUTTI, Francesco. *A arte do Direito*. São Paulo: Pillares, 2007.

CARVALHO NETO. *Advogados: como aprendemos, como sofremos, como vivemos*. São Paulo: Saraiva, 1946.

CHASTEEN, John Charles. *After Eden*. New York: WW Norton, 2024.

CLAUSEWITZ, Carl von. *Da guerra*. São Paulo: Martins Fontes, 1979.

COMPARATO, Fabio Konder. *Ética*. São Paulo: Companhia das Letras, 2006.

COMTE-SPONVILLE, André; FERRY, Luc. *A sabedoria dos modernos*. São Paulo: Martins Fontes, 1999.

COSTA, Elcias Ferreira da. *Deontologia jurídica: ética das profissões jurídicas*. Rio de Janeiro: Forense, 2001.

COUTURE, Eduardo. *Os mandamentos do advogado*. Porto Alegre: Fabris, 1979.

DAL POZZO, Agusto Neves; MARTINS, Ricardo Marcondes; FERRAZ JR., Tercio Sampaio. *Diálogos sobre teoria geral do Direito*. Belo Horizonte: Fórum, 2023.

DWORKIN, Ronald. *A raposa e o porco-espinho: justiça e valor*. São Paulo: Martins Fontes, 2014.

FERRAZ JR., Tercio Sampaio. *Introdução ao estudo do Direito*. 4ª ed. São Paulo: Atlas, 2003.

FERRO, Marcelo Roberto. "Sobral Pinto". In: *Os juristas que formaram o Brasil*. Rio de Janeiro: Nova Fronteira, 2024.

FOUCAULT, Michel. *A coragem da verdade*. São Paulo: Martins Fontes, 2014.

FRIEDMAN, Thomas L. *Thank You for Being Late*. New York: London, Picador, 2016.

GATTI, Adolfo. "Em defesa do cidadão Luís Capeto". In: GATTI, Adolfo et al. *A Revolução Francesa, 1789-1989*. São Paulo: Editora Três, 1989.

GIANNETTI, Eduardo. *O anel de Giges*. São Paulo: Companhia das Letras, 2020.

GOETHE, Johann Wolfgang. *Máximas e reflexões*. Lisboa: Relógio d'Água, 1999.

GRAYLING, A.C. *Uma história da filosofia*. Braga, Almedina, 2019.

HABERMAS, Jürgen. *A ética da discussão e a questão da verdade*. São Paulo: Martins Fontes, 2018.

HESÍODO. *Os trabalhos e os dias*. 2ª ed. São Paulo: Martin Claret, 2014.

HIGHET, Gilbert. *A tradição clássica: influências gregas e romanas na literatura ocidental*. Campinas: Sétimo Selo, 2024.

HOBBES, Thomas. *Diálogo entre um filósofo e um jurista*. 2ª ed. São Paulo: Landy, 2004.

HOLLOWAY, Richard. *A Little history of religion*. New Haven: Yale University Press, 2017.

HUBBARD, Elbert. *Uma mensagem a Garcia*. Belo Horizonte: Itatiaia, 2000.

HUNT, Lynn. *Política, cultura e classe na Revolução Francesa*. São Paulo: Companhia das Letras, 2007.

HUSSEY, Andrew. *Paris: The Secret History*. London: Penguin, 2007.

IHERING, Rudolf von. *A luta pelo Direito*. 12ª ed. Rio de Janeiro: Forense, 1992.

KANT, Immanuel. *Metafísica dos costumes*. Lisboa: Edições 70, 2004.

_____. *Doutrina do Direito*. São Paulo: Ícone, 1993.

KISSINGER, Henry. *Liderança: seis estudos sobre estratégia*. Rio de Janeiro: Objetiva, 2023.

KOHLER, Peter; SCHAEFER, Thomas. *O Direito pelo avesso: uma antologia jurídica alternativa*. São Paulo: Martins Fontes, 2001.

LAFER, Celso. *Hannah Arendt: pensamento, persuasão e poder*. 3ª ed. Rio de Janeiro: Paz & Terra, 2018.

LEWIS, C.S. *Como cultivar uma vida de leitura*. Rio de Janeiro: Thomas Nelson, 2020.

_____. *Cristianismo puro e simples*. Rio de Janeiro: Thomas Nelson, 2017.

LIMA, Hermes. *Introdução à ciência do Direito*. 29ª ed. Rio de Janeiro: Freitas Bastos, 1989.

*O MAHABHARATA*, 2ª ed. São Paulo: Cultrix, 2014.

MALIK, Kenan. *The quest for a moral compass: A Global History of Ethics*. London: Atlantic Books, 2015.

MAQUIAVEL, Nicolau. *O príncipe*. 14ª ed. Rio de Janeiro: Bertrand, 1990.

MARCONDES, Danilo. *Textos básicos de ética: de Platão a Foucault*. Rio de Janeiro: Zahar, 2007.

MILL, John Stuart. *Ensaio sobre a liberdade*, Lisboa: Arcádia, 1964.

MONTESQUIEU. *Do espírito das leis*. São Paulo: Martin Claret, 2010.

MÜSSNICH, Francisco. *Cartas a um jovem advogado*. Rio de Janeiro: Elsevier, 2007.

NIETZSCHE, Friedrich. *A genealogia da moral*. São Paulo: Lafonte, 2017.

NOBRE, Marcos; REGO, José Márcio (org.). *Conversas com filósofos brasileiros*. São Paulo: Editora 34, 2000.

NUSSBAUM, Martha C. *A fragilidade da bondade: fortuna e ética na tragédia e na filosofia grega*. São Paulo: Martins Fontes, 2009.

_____. *Sem fins lucrativos; por que a democracia precisa das humanidades*. São Paulo: Martins Fontes, 2015.

OLIVIER-MARTIN, Fr. *Précis d'histoire du droit français*. 4ª ed. Paris: Dalloz, 1945.

OST, François. *Contar a lei: as fontes do imaginário jurídico.* São Leopoldo: Editora Unisinos, 2004.

PEGORARO, Olinto A. *Ética dos maiores mestres através da história.* 5ª ed. Petrópolis: Vozes, 2006.

PEI, Mario. *Histoire du Langage.* Paris: Payot, 1954.

PIRIE, Fernanda. *The rule of laws.* Nova York: Basic Books, 2021.

PITOMBO, Paulo Sérgio Altieri de Moraes. *Em busca do justo perdido: cinco anos de escritos sobre advocacia e Direitos individuais.* São Paulo: Singular, 2021.

PLATÃO. *A república.* São Paulo: Edipro, 2014.

_____. *Apologia de Sócrates.* Brasília: Editora da Universidade de Brasília, 1997.

_____. *O julgamento de Sócrates.* Rio de Janeiro: Nova Fronteira, 2018.

PRODI, Paolo. *Uma história da justiça.* Lisboa: Editorial Estampa, 2002.

QUINTILIANO, Marco Fábio. *Instituição oratória*, Tomo II. Campinas: Unicamp, 2015.

RADBRUCH, Gustav. *Filosofia do Direito.* 6ª ed. Coimbra: Arménio Amado, 1979.

RILKE, Rainer Maria. *Cartas a um jovem poeta.* 11ª ed. Porto Alegre: Ed. Globo, 1983.

ROUSSEAU, Jean-Jacques. *Do contrato social.* São Paulo: Martin Claret, 2013.

SANDEL, Michael J. *Justiça: o que é fazer a coisa certa.* Rio de Janeiro: Civilização Brasileira, 2011.

SANTO AGOSTINHO. *As confissões.* São Paulo: Editora das Américas, 1961.

SCHIOPPA, Antonio Padoa. *História do Direito na Europa.* São Paulo: Martins Fontes, 2014.

SCHOPENHAUER, Arthur. *Como vencer um debate sem precisar ter razão.* Rio de Janeiro: Toopboks, 1997.

SCIACCA, Michele Federico. *História da filosofia*, vol. I. São Paulo: Mestre Jou, 1962.

SCRUTON, Roger. *A cultura importa: fé e sentimento em um mundo sitiado.* São Paulo: LVM, 2024.

SEN, Amartya. *A ideia de justiça*. São Paulo: Companhia das Letras, 2011.

SÊNECA. *Como manter a calma*. Rio de Janeiro: Nova Fronteira, 2020.

SHAKESPEARE, William. *Julio César*. Rio de Janeiro: Nova Aguilar, 2006.

SIDGWICK, Henry. *História da ética*. São Paulo: Ícone, 2010.

SODRÉ, Hélio. *História universal da eloquência*, vol. I. Rio de Janeiro: Forense, 1967.

THOMSON, Oliver. *A assustadora história da maldade*. São Paulo: Ediouro, 2002.

TOCQUEVILLE, Alexis de. *O Antigo Regime e a Revolução*. São Paulo: Martins Fontes, 2016.

TZU, Sun. *A arte da guerra*. 15ª ed. Rio de Janeiro: Record, 1994.

VIEIRA, Padre Antônio. *Sermão do bom ladrão e outros sermões escolhidos*. São Paulo: Landy, 2000.

VIRGÍLIO. *Eneida*. 3ª ed. São Paulo: Editora 34, 2021.

VOLTAIRE. *Tratado sobre a intolerância*. São Paulo: Edipro, 2017.

WELLS, H.G. *História essencial do mundo*. Lisboa: Alma dos Livros, 2023.

WENGROW, David. *What Makes Civilization?*. Oxford: Oxford University Press, 2018.

ZANATTA, Loris. *Uma breve história da América Latina*. São Paulo: Cultrix, 2017.

DIREÇÃO EDITORIAL
*Daniele Cajueiro*

EDITOR RESPONSÁVEL
*Hugo Langone*

PRODUÇÃO EDITORIAL
*Adriana Torres*
*Laiane Flores*
*Tiago Velasco*

COPIDESQUE
*Alvanisio Damasceno*

REVISÃO
*Letícia Côrtes*

PROJETO GRÁFICO DE MIOLO E DIAGRAMAÇÃO
*Sérgio Campante*

Este livro foi impresso em 2025, pela Corprint, para a Nova Fronteira.
O papel do miolo é Avena 80g/m² e o da capa é Cartão 250g/m².